'어떻게 보느냐'가 '어떤 세상인가'를 결정한다

라면
교양

군대가 없으면 나라가 망할까?

초판 1쇄 펴냄 2008년 8월 11일
      5쇄 펴냄 2018년 8월 10일

지은이 하승우
펴낸이 고영은 박미숙

펴낸곳 뜨인돌출판(주) ｜ 출판등록 1994.10.11.(제406-251002011000185호.)
주소 10881 경기도 파주시 회동길 337-9
홈페이지 www.ddstone.com ｜ 블로그 blog.naver.com/ddstone1994
페이스북 www.facebook.com/ddstone1994
대표전화 02-337-5252 ｜ 팩스 031-947-5868

ⓒ 2008 하승우

ISBN 978-89-5807-234-8 04300
ISBN 978-89-5807-236-2(세트)
CIP2010004038

이 책의 인세 중 일부는 저자의 뜻에 따라 〈장애와 인권 발바닥행동〉에 기부됩니다.

라면 고양 02

먼저 총을 내리겠다는 바보, 병역거부자 이야기

군대가 없으면 나라가 망할까

하승우 지음

뜨인돌

전쟁을 위한 기도

군대가 전선으로 떠나기 전 한 교회에서 주일 예배가 시작되었다. 전장으로 떠나는 아들과 연인, 친지를 둔 사람들은 열렬히 기도를 드렸다.

"늘 자애로우시고 관대하신 우리 모두의 아버지시여!

우리 귀한 병사들을 지켜 주시고 이들이 조국을 위해 싸울 때

도우시고 위로하시고 용기를 주시며

이들에게 은총을 내리시고 전투의 날, 위급한 순간에 방패로 막아 주시고

전능하신 손으로 감싸 주시고 힘과 자신감을 북돋아 주시고

잔학한 습격에도 끄떡없게 하시며

적을 쳐서 무찌르도록 도우시어

이들과 이들의 깃발과 조국에 불멸의 명예와 영광을 주시옵소서."

그때 하느님의 사자使者를 자처하는 남루한 복장의 노인이 목사를 밀어내고 연단에 섰다.
노인은 사람들의 기도에 담긴 또 다른 의미를 이렇게 해석해서 들려주었다.

"오, 주여, 우리 아버지시여!
우리의 젊은 애국자들이, 우리의 사랑하는 용사들이 전장으로 나가나이다.
이들과 함께하소서!

우리를 도우시어 우리의 포탄으로 저들의 병사들을
갈기갈기 찢어 피 흘리게 하소서.

우리를 도우시어 저들의 청명한 벌판이
저들 애국자들의 창백한 주검으로 뒤덮이게 하소서.

우리를 도우시어 천둥 같은 총성이
저들의 부상병들이 고통으로 몸부림치며 내지르는 비명 속에 잠기게 하소서.

우리를 도우시어 폭풍처럼 휘몰아치는 포화로
저들의 누추한 집들을 잿더미로 화하게 하소서.

우리를 도우시어 저들의 죄 없는 과부들이 비통에 빠져
가슴을 쥐어뜯게 하소서.

우리를 도우시어 저들이 집을 잃고 어린 자식들과 함께
흙바람 이는 황폐한 땅에 의지할 가지 없이 떠돌게 하소서.

누더기를 걸친 채 굶주림과 갈증 속에서
여름에는 이글거리는 태양의,
겨울에는 살을 에는 찬 바람의 노리개가 되어
영혼은 찢기고 노고에 지친 몸으로 헤매게 하소서.

주님께 안식할 무덤을 간구하더라도 부디 거절하시고
주님을 경모하는 우리를 위하여 저들의 소망을 산산이 날려 버리시고

저들의 생명을 시들게 하시고
저들의 비참한 순례가 끝나지 않게 하시고
저들의 발걸음을 더욱 무겁게 하시고
저들의 길이 저들의 눈물로 젖게 하시고
저들의 상처투성이 발에서 흐르는 피로 흰 눈이 얼룩지게 하소서.

우리는 그것을 바라나이다.
사랑의 정신으로, 사랑의 근원이신 주님께."

전쟁에서 승리자는 누구인가?

앞에 실린 이야기는 『허클베리 핀의 모험』이라는 모험소설로 유명한 작가 마크 트웨인Mark Twain이 발표했던 『전쟁을 위한 기도』라는 소설에 담겨 있는 기도이다.

트웨인은 이 글에서 어느 한 나라의 승리가 다른 나라의 패배를 뜻하고, 승리의 기쁨이 패배의 고통이라는 다른 면을 가질 수밖에 없다는 전쟁의 양면성을 실감나게 보여 준다. 적의 아버지나 아들의 목숨을 빼앗고 그들이 살아온 터전을 파괴해서 가족이 고통에 몸부림치게 만들어야 전쟁에서 이길 수 있기 때문이다. 나와 다른 편에 서 있다는 이유만으로 타인에게 엄청난 고통을 주는 전쟁. 그것을 막지는 못할지언정, 찬양하는 것은 올바를까?

트웨인은 사랑과 평화를 전파해야 할 종교인들조차 증오를 설교하고 전쟁을 찬양하는 현실이 얼마나 모순되고 비극적인지를 이 글에서 꼬집었다. 사랑과 평화의 근원인 하느님에게 전쟁의 승리를 구하는 기도야말로 얼마나 왜곡된 것인가. 전쟁은 싸움에 진 나라를 완전히 파괴해서 두고 두고 고통을 준다. 죄 없는 아이들이 밥을 굶고 더위와 추위에 몸을 시달려야 하고, 부모들은 그런 아이들을 지켜보며 더 큰 고통에 시달려야 한다. 이런 고통을 모두가 똑같이 나누는 것도 아니다. 언제나 가난하고 약한 사람들이 더 심한 고통을 겪는다.

전쟁의 승리가 가져올 이득에 모두가 눈이 팔려 있던 시대에도, 트웨인은 오히려 전세계의 고통에 눈을 크게 떴다. 그래서 트웨인은 글로써 뿐만이 아니라 〈뉴욕반제국주의동맹〉의 부의장으로 일하며 직접 부조리한 현실에 맞서기도 했다. 1906년 미군이 필리핀 남부의 한 마을을 습격해 남녀노소를 가리지 않고 6백여 명의 주민을 살해한 '모로 대학살'이 벌어졌다. 트웨인은 식민지를 넓히려는 미국의 이 더러운 침략전쟁을 강력하게 비난했고, 온갖 명분으로 침략전쟁을 정당화하려는 미국 정부에 맞서 전쟁의 실상을 드러냈다.

"우리는 수천 명의 섬사람들을 진압하고, 그들을 매장하고, 그들의 땅을 파괴하고, 그들의 촌락을 불태우고, 그들의 미망인과 고아들을 길거리로 내몰았으며, 비위에 거슬리는 수십 명의 애국자들에게는 유랑의 비통함을 안겼고 나머지 천만 명은 우호적인 동화 정책으로 굴복시켰다."(하워드 진, 2003)

어떤 이는 전쟁이 나쁘다 해도 적국이 침략한다면 어쩔 수 없이 맞서 싸워야 하지 않느냐고 물을지 모르겠다. 침략전쟁이 아니라 정의로운 전쟁, 평화를 실현하기 위한 전쟁이라면 어쩔 수 없이 무기를 들어야 하지 않을까? 대를 위해 소를 희생한다는 얘기도 있지 않은가. 미국이 9·11

테러를 당하자 부시 대통령이 '악의 축'과의 전쟁을 선언하고 아프가니스탄과 이라크를 침공했듯이, 악을 제거하고 평화를 실현하기 위한 전쟁은 정당화될 수 있지 않을까? 다른 나라를 침략하기 위해서가 아니라 내나라를 지키기 위해서라면, 그리고 나쁜 폭군을 몰아내기 위해서라면 전쟁이 정당화될 수 있지 않을까?

전쟁에도 '정의'가 존재할 수 있을까?

많은 사상가들은 폭군을 몰아내기 위한 전쟁이나 정의로운 전쟁이 정당할 뿐 아니라 반드시 필요하다고 주장했다. 예를 들어, 영국의 사상가 존로크John Locke는 왕이 폭정을 일삼으면 의회가 왕을 몰아낼 수 있다고 보았다. 국왕을 없애자는 주장은 아니었지만, 왕이 잘못하면 책임을 물을 수 있고, 만일 왕이 순순히 자리를 내놓지 않는다면 강제로 몰아낼 수 있다는 것이다. 동양에서도 맹자孟子가 폭군방벌론暴君放伐論을 내세워 아무리 군주라도 백성을 돌보지 않으면 쫓아내야 한다고 주장했다.

사상가들뿐 아니라 기독교나 가톨릭에 몸담은 종교인들도 자신의 종교와 교리가 다른 이단을 몰아내고 기독교 국가를 세우기 위해 전쟁을 벌일 수 있다고 얘기했다. 이는 서양 종교만의 주장은 아니다. '호국불교'라는 말에서 드러나듯이 동양의 불교에서도 스님이 나라를 지키기 위해 무기를 들 수 있다고 했다. 종교인들 전부가 입을 모아 '정의로운 전쟁'이 가능하다고 얘기하지는 않았지만 좋은 목적을 위해서라면 폭력적인 방법을 쓸 수 있다고 생각하는 사람들도 있었다.

심지어 미국의 사상가 마이클 왈쩌Michael Waltzer는 악을 벌하기 위해서라면 먼저 공격할 수도 있다고 주장한다. 왈쩌는 국가가 위기에 처하면 시민이 적극적으로 방어에 나서야 하고 때로는 먼저 공격을 하는 위험도 감수해야 한다고 봤다.

그런데 전쟁을 하려면 군대가 필요하다. 그래서 군인을 어떻게 모을 것인가에 관해서도 많은 논란이 있었다. 성인 남성들을 모두 군대로 징병할 수도 있고 지원자만 받을 수도 있을 것이다. 미국의 사상가 존 롤스 John Rawls는 침략이 아니라 방어를 위해 무기를 들어야 할 경우에는 징병제도를 도입할 수 있다고 했다. 평상시에는 징병제도가 개인의 권리를 침해하기 때문에 정당화될 수 없지만 국가가 위기에 처한 경우에는 필요하다고 본 것이다. 위기 상황에서는 모두가 군대에 가서 나라를 위해 싸워야 한다. 왈쩌도 평상시에는 모병제를 유지하더라도 나라가 위태로우면 모두가 나서야 한다고 생각했다(이남석, 2003).

이런 사상가들의 말을 들으면 침략을 막기 위한 방어전쟁이나 비인간적인 만행을 저지르는 악한 세력을 쫓아내기 위한 전쟁은 반드시 필요하다고 느껴진다. 내 이익을 위해서가 아니라 고통 받는 다른 사람들을 위해서 무기를 든다면 그것은 남을 돕는 올바른 행동이 아닐까? 폭력은 가급적이면 쓰지 말아야 하지만, 내 친구나 가족을 보호하기 위해서라면 어쩔 수 없지 않을까?

이런 물음에 답하기란 쉽지 않다. 누구나 상황이 나빠질 경우에는 자신이나 가족의 안전을 위해 무엇이든 할 수 있다고 생각하기 때문이다. 하지만 이렇게 바꿔 물으면 어떨까? 천하의 구두쇠 스크루지 영감도 꿈을 꾸고 난 뒤 자신의 죄를 뉘우치며 착한 사람이 되었고, 놀부도 흥부의 마음에 감동을 받고 새사람이 되었다. 아무리 악한 사람이라도 착한 사람이 될 가능성을 가지고 있는데, 그 사람을 무조건 쫓아내고 벌하는 것은 좋은 방법일까? 나와 생각이 다르고 종교가 다르다는 이유만으로 그 사람을 공동체 밖으로 쫓아내는 것이 올바를까? 친구나 가족을 위한다는 명목으로 폭력을 쓰는 것이 진정 그들에게 도움이 될까? 고통받는 사람들을 위해 일으킨 전쟁이 혹시 그들을 더 심한 고통으로 밀어 넣는 건 아닐까? 폭력에 폭력으로 맞서는 것이 항상 좋은 방법일까? 더구나 신념 때문에 무기를 들 수 없는 사람들에게 전체를 위해서 무기를 들라고 강요하는 것은 또 다른 폭력을 부르는 행위가 아닐까?

사람은 신이 아니다. 그래서 실수를 저지르고 잘못된 판단을 하기도 한다. 서로 사랑하는 사람들도 상대방을 정확하게 이해하기 어렵고 아무리 사려 깊은 사람도 잘못된 판단을 내릴 수 있다. 폭력을 쓰지 않으면 그러한 실수와 잘못된 판단이 큰 피해를 가져오지 않지만, 폭력을 썼을 경우에는 돌이킬 수 없는 결과를 낳을 수 있다. 그래서 전쟁과 폭력은 아무리 그럴듯한 이유를 대더라도 쉽게 정당화될 수 없다.

많은 군대를 보내면 폭력을 막을 수 있을까?

폭력을 폭력으로 막는 방식은 얼마나 효과를 거둘 수 있을까? 서로 싸우는 민족을 떼어 놓기 위해 많은 군대를 파견해서 강제로 평화를 이루었다고 치자. 하지만 힘으로 억누른 상황은 긴장감과 공포를 증폭시켜 서로에 대한 미움과 증오만 더 키우게 된다. 그래서 힘이 만든 평화는 언제나 일시적이고, 힘의 균형이 조금이라도 흔들리면 언제든지 더욱더 노골적이고 극심한 폭력으로 변할 수 있다.

대표적인 예가 아프리카의 내전이다. 유럽의 여러 국가들과 미국, 소련이 아프리카라는 큰 대륙을 폭력의 전장으로 바꿔 놓았다. 과거에 강대국들은 아프리카의 자원을 약탈했고, 노예로 이용하기 위해서 원주민들을 잡아갔으며, 억지로 국경선을 그려서 그들을 혼란에 몰아넣었다. 그리고 식민지를 효율적으로 다스리기 위해 아프리카 민족들이 서로 대립하고 미워하게 했다. 그러다 냉전이 끝나고 아프리카 대륙의 중요성이 떨어지자 강대국들은 미련 없이 그곳을 떠났다. 황폐해진 땅에 남겨진 민족들은 살아남기 위해 서로 싸울 수밖에 없었다. 〈호텔 르완다Hotel Rwanda, 2006〉라는 영화에 나오듯이, 억지로 한 나라에 묶였던 여러 민족들은 자신들을 학대했던 강대국에게 감히 덤비지 못하고, 대신 서로를 학살하며 분을 풀고 있다.

뻔뻔하게도 강대국들은 이런 혼란과 분쟁을 수습하겠다며 자신들의 군대를 보낸다. 분쟁의 씨앗을 심었다는 점을 인정하거나 반성하기는커녕 평화의 수호자를 자처하는 상황, 이를 어떻게 이해해야 할까? 그들이 이제 와서 수십만의 사람들이 난민으로 떠도는 비극적인 현실에 개입하여 평화를 이룰 수 있을까? 평화를 빌미로 무조건 간섭하는 것은 결코 해답이 될 수 없다. 폭력을 불러온 원인을 분명하게 밝히고 그 원인을 제거하기도 전에 많은 군대를 파견한들 그것이 평화에 도움이 될까?

외부의 힘이 섣불리 개입할 경우 내부의 합의는 더욱더 어려워진다. 어떠한 이유에서든 외국의 군대가 들어와 있으면 서로 편하게 대화를 나눌 수 없다. 때로는 갈등을 불러온 원인이 아니라, 누가 외세를 끌어들였는지를 두고 또 다른 갈등이 벌어지기도 한다. 그래서 제아무리 좋은 의도로 개입한다고 해도 결과가 나빠질 수 있는 것이다. 『맹자』에 물망물조장勿忘勿助長이라는 말이 있다. 농사일을 모르는 사람이 친구를 돕는답시고 잘 자라지 못한 모포기를 쑥쑥 잡아당겼더니 결국 모가 다 죽어 버렸다는 얘기이다. 남의 고통에 관심을 기울여야 하지만, 그렇다고 상황을 잘 모르는 데 섣불리 뛰어들지도 말라는 얘기이다. 실제로 유고나 아프리카에 대한 인도적 개입은 큰 효과 없이 애꿎은 사람들의 목숨만 앗아갔을 뿐이다.

때로는 '인도적 개입'조차도 천연자원을 확보하려는 강대국의 입맛에 따라 결정되곤 한다. 미국은 독재자 후세인 대통령을 몰아낸다며 이라크를 침략했지만, 실제로는 이라크의 풍부한 석유 자원을 독점하려 벌인 전쟁이었다는 비판의 목소리가 높다. 강대국들은 천연자원이 많이 매장되어 있는 곳엔 재빨리 개입하지만 자원이 없는 곳에는 관심조차 없다. 일본의 정치학자 더글러스 러미스D. Lummis는 미국과 소련의 대립이 사라진 뒤에 분쟁이 줄어들기는커녕 예전이라면 '침략'이라고 불렸을 군사 작전이 '인도적 개입'으로 불리고 있다며 개탄했다(러미스, 2002). 따라서 어떤 국가가 전쟁을 선포하며 내세우는 명분보다는 그 실제 상황을 신중하게 관찰해야 한다. 무조건 많은 군대를 보낸다고 평화가 실현되는 것은 아니다.

전쟁은 언제나 명분을 만든다

인류 역사를 살펴보면 전쟁은 언제나 침략의 위협을 널리 선전하면서 일어났다. 전쟁을 일으킨 나라 중에서 우리가 먼저 다른 나라를 침략했다고 한 나라는 없었다. 하나같이 상대방이 먼저 침략했기 때문에 방어를 위한 전쟁을 벌인다고 했을 뿐이다. 제1, 2차 세계대전이나 베트남전쟁 등 대부분의 전쟁에서 침략자들은 자신들이 먼저 공격을 받았기에 전쟁을 시작했다고 거짓말을 했다.

일본의 평론가 사토 다다오佐藤忠男는 "어느 시대, 어떠한 전쟁에서도 외국을 침략하는 나라의 사람들은 자신들이 욕심이 많아서 다른 나라를 공격하는 것이라고 생각하지 않았다. 자기 나라는 정당한 데 비해 상대편 나라는 올바로 자기 나라의 주장을 듣지도 않고 멋대로 지껄이며 반항하기 때문에 이를 벌하기 위해 공격하는 것이라고 단정했다"(2007)라며 한탄했다. 이처럼 전쟁을 일으킨 나라는 언제나 자신에게 유리한 명분을 만든다.

그래서 국제분쟁 전문가 김재명은 "전쟁의 첫 희생자는 언제나 '진실'"(2005)이라고 얘기한다. 전쟁은 평화나 민주주의, 자유 등 여러 가지 대의명분을 갖고 시작되지만 실제로는 약자와 소수자를 짓밟고 강자의 배만 불린다. 그런 점에서 고대 로마의 사상가이자 정치가 키케로Cicero는 "가장 정당한 전쟁보다 부당한 평화가 훨씬 낫다"라고 했다.

제아무리 좋은 명분을 제시하더라도 전쟁이라는 행위 자체는 폭력이다. 전쟁은 살아 있는 생명을 파괴할 수밖에 없고, 폭력 없는 전쟁은 불가능하다. 설령 '좋은' 명분을 실현한다 해도 전쟁 중에 목숨을 잃은 사람들이 살아 돌아올 수는 없다. 동양의 사상가 노자老子의 얘기를 담은 『도덕경道德經』에는 "이기는 것이 좋은 일이 아니건만 이를 좋아하는 것은 사람 죽이기를 즐기는 것이라, 무릇 사람 죽이기를 즐기는 자는 천하에 뜻을 얻지 못한다. …사람 죽인 것이 많으면 슬피 울어 애도하거니와 전쟁에 이겼다 하더라도 상례喪禮로 삼아야 한다"라는 말이 기록되어 있다. 무슨 말인가 하면 설령 전쟁에 이겼다 하더라도 승리의 나팔을 불며 개선문으로 들어오려 하지 말고, 전쟁으로 인해 죽은 사람들과 그들의 가족을 애도하며 장례를 치르듯이 승리를 누려야 한다는 말이다. 전쟁은 승패와 관계없이 언제나 슬프고 고통스러운 것이라는 점을 노자는 알고 있었다.

전쟁과 군대에 관해 다시 생각하기

전쟁에 이긴 쪽이든 진 쪽이든 어디에나 피해는 생긴다. 제2차 세계대전에서 승리를 얻기까지 연합국이 입은 인명 피해는 정확하게 집계조차 되지 않는데, 최소한 3,500만~6,000만 명이 목숨을 잃었다고 한다. 물론 독일의 히틀러나 일본 천황의 세계 지배 야욕을 막았다는 점은 그 가치를 인정받아야 할 중요한 성과이지만 이런 엄청난 희생 앞에서 승리의 샴페인을 터뜨리기란 어렵다.

더구나 과학기술의 발달로 전쟁은 정복에 그치지 않고 생명 자체를 말살하는 수단이 되었다. 핵무기의 등장은 우리 삶의 터전인 지구 자체의 파괴라는 역설 앞에 놓이게 했다. 핵전쟁의 시대에 전쟁의 승리란 무엇을 의미하는가? 전쟁에서 진정 승리자가 존재할 수 있는가? 핵전쟁의 시대에는 어느 나라도 적국을 정복할 수 없고 오직 파괴할 수 있을 뿐이다.

요즘처럼 자기 살길을 고민하기에도 바쁜 시대에 전쟁이나 군대가 도대체 나와 무슨 상관이냐고 물을지도 모르겠다. 하지만 모두가 평화를 원한다 해도 전쟁을 부르는 원인을 제거하지 않으면 전쟁은 언제든 터질 수 있다. 그러니 평화로운 삶을 살 때에도 분쟁과 갈등의 씨앗이 없는지를 잘 살펴야 한다. 자기 살길만 고민하다 전쟁이라는 끔찍한 상황에 직면하면 아무런 대안도 마련할 수 없다.

전쟁을 부르는 중요한 원인 중 하나는 역설적이지만 바로 군대이다. 전쟁을 막기 위해 존재한다는 군대가 때로는 전쟁을 유도하는 자극제가 되기도 한다. 일본이 군비를 늘리면 한국에서 난리가 나듯이, 군사력은 상대적이기 때문이다.

우리의 일상 속에 뿌리내린 군사문화는 사람들로 하여금 폭력을 문제로 느끼지 못하게 한다. 여성학자인 권인숙은 자신의 책 『대한민국은 군대다』(청년사, 2005)에서 한국 사회 곳곳에, 심지어 사회정의를 외치는 사람들에게도 깊이 뿌리내린 군사주의를 지적한 바 있다. 그런 의미에서 군대를 이해하는 것은 한국 사회를 이해하는 것이고 우리 사회를 조금 더 평화로운 세상으로 바꾸려는 노력이기도 하다.

아직까지 남북한이 대치하고 있는 한반도에서 군대와 전쟁의 문제는 쉽게 풀 수 없는 어려운 숙제이다. 많은 이들이 이 숙제를 지금까지 미뤄왔다. 하지만 이제 이 문제를 진지하게 고민할 시간이 되었다. 군대와 전쟁은 우리에게 어떤 의미인가? 우리는 어떻게 해야 평화를 이룰 수 있을까?

1

우리에게 **군대란** 무엇인가?

사람은 누구나 자기가 원하는 바를 믿고 추구하며 그에 따라 생활할 자유를 가진다. 특히 자신의 몸과 양심에 관한 권리는 전적으로 그 사람에게 속하고 누구도 그 권리를 침해할 수 없다. 그런데 사람은 각기 다른 욕구를 가진 다양한 사람들과 함께 살아가야 한다. 그래서 내가 하고 싶은 일만 할 수 없고, 때로는 하기 싫어도 공동체를 위해서 맡아야 할 의무도 있다. 그렇기 때문에 국민의 기본적인 권리를 보장하는 대한민국 헌법은 개인의 자유와 평등, 행복을 추구할 권리만이 아니라 국방과 납세, 교육, 노동의 의무도 규정한다. 여기서 국방의 의무는 다른 의무들처럼 공동체를 유지하기 위해 사회 구성원들이 반드시 분담해야 하는 공적인 의무로 여겨진다.

의무란 모든 사회 구성원들이 평등하게 져야 하는 것이다. 그런데 한국의 군대는 성인 남자, 그것도 신체 건강한 남자들에게만 국방의 의무를 지운다. 물론 여자들도 여군으로 입대할 수 있지만 남자들처럼 일정한 연령이 되면 모두 징집되는 것이 아니라 지원할 경우에만 입대한다. 만일 모든 국민이 국방의 의무를 져야 한다면 군대에 가지 않는 사람들도 다른 형태로 국방의 의무를 져야 하지 않을까? 그게 아니라면 모든 국민이 국방의 의무를 져야 한다는 규정을 바꿔야 하지 않을까?

가끔씩 병역비리와 관련된 사건들이 언론 매체를 장식하곤 한다. 국민 모두가 군대에 가야 한다고 하지만, 남성들 중에서 권력이나 돈을 가진 이들의 자식은 군대에 가지 않는 경우가 많다. 군대에 가지 않으려고 한국 국적을 포기하기도 하고 뇌물을 주고 면제 판정을 받기도 한다. 이처럼 공동체에서 많은 이득을 얻는 사회의 지도층들이 자신의 의무를 다하지 않는데도 국방의 의무가 모든 이의 의무라고 주장하는 것은 일종의 사기가 아닐까?

'강한 군대=자주독립'이라는 공식

군대는 이미 평등하지 않다

대한민국 헌법 제39조 제1항은 "모든 국민은 법률이 정하는 바에 의하여 국방의 의무를 진다"라고 정하고, 이에 따라 병역법 제3조 제1항은 "대한민국 국민인 남자는 헌법과 이 법이 정하는 바에 따라 병역의무를 성실히 수행하여야 한다"라고 정하고 있다.

따라서 대한민국 국민인 남자는 병역법에 따라 18세부터 제1국민역에 소속된다. 대한민국에서 태어난 남자는 물론이고, 외국에서 태어났다 하더라도 한국의 호적을 가지고 있을 경우에는 군대에 가야 한다. 예를 들어 미국에서 태어나고 그곳에서 자란 사람이라도, 심지어 한국말을 모르고 미국 시민권을 가지고 있더라도, 한국에 호적을 가지고 있거나 한국에서 생활하면(미리 '한국 국적 이탈신고'를 하지 않으면) 군대에 가야 한다. 법에 따라 '외국인'으로 인정받지 않는 이상, 18세 이상의 대한민국 남자는 약 24~28개월(육군 24개월, 해군 26개월, 공군 28개월) 동안 군복무를 해야 한다.

그러나 남자들이라고 모두 군대에 가는 것은 아니다. 현역이나 보충역으로 입대하는 이들은 제1국민역 판정을 받은 사람들이고, 징병검사나 신체검사 결과 현역이나 보충역으로 근무할 수 없다는 판정을 받은 사람들은 제2국민역으로 편성되어 병역을 면제받는다. 이들은 군대에 가지 않고 전쟁이 일어날 때에만 소집되어 군사지원 업무를 담당한다.

실제로 군대에 입대하는 이들이 현역이라면 보충역은 뭘까? 보충역은 현역으로 입대할 수 있다는 판정을 받았지만 교정시설 경비교도(교도소 경비대)나 전투경찰대원(전경) 또는 의무소방원으로 '전환복무'를 하는 사람들과 공익근무요원, 공중보건의사, 징병전담의사, 국제협력의사, 공익법무관, 공익수의사, 전문연구요원, 산업기능요원으로 일하는 사람들을 가리킨다. 즉 부대에서 내무반 생활을 하지 않고 사회에서 병역을 대신하는 사람들을 보충역이라 부른다.

이런 규정에 따르면, 대한민국의 성인 남성이라 하더라도 모두 군대에 가는 것은 아니고 제2국민역 판정을 받으면 병역을 면제받는다. 그리고 제1국민역 판정을 받더라도 보충역 판정을 받으면 군대에 가지 않고 다른 방식으로 병역을 대신할 수 있다.

보충역 중에서 전환복무를 하는 사람들은 교도소나 경찰서에서 합숙생활을 하기 때문에 군대와 크게 다르지 않은 환경에서 국방의 의무를 다한다. 반면에 공익근무요원이나 산업기능요원들은 일정한 훈련을 마치면 자신이 사는 동네에서 근무지로 출퇴근한다. 이들은 군대처럼 사회와 격리되어 있지 않기 때문에, 군대를 꺼리는 남성들이 선호한다. 그래서인지 보충역으로 편성되기 위해 뇌물을 주거나 스스로 몸을 상하게 하는

대한민국 병역법에 따른 징병 대상자 분류

18세 이상의 대한민국 남성	제1국민역	현역	군입대
		보충역	전환복무 전환복무 대상자는 교정시설경비교도(교도소 경비대)나 전투경찰대원(전경), 또는 의무소방원 등으로 일한다.
			공익근무요원이나 산업기능요원 공익근무요원은 국가기관이나 지방자치단체, 공공단체, 사회복지시설에서 공익에 필요한 경비, 감시, 보호, 봉사, 행정지원, 예술·체육의 육성, 국제협력에 종사하는 사람들을 가리키고, 산업기능요원은 병무청장이 지정한 기간산업체나 방위산업체, 농업회사법인에서 일하는 사람을 가리킨다
	제2국민역	면제	면제 사유로는 생계 곤란, 고아, 범죄, 귀화, 혼혈, 학력, 질병 등이 있다.

©김용한

경우도 있다.

현역으로 입대해야 하는 사람이 병역의 의무를 따르지 않으면 어떻게 될까? 병역법 제88조에 따르면 현역 입영을 기피할 경우 3년 이하의 징역형을 받고, 입영한 이후라도 총을 들지 않으면 군형법 제44조 항명죄 조항에 따라 2년 또는 3년 이하의 징역형을 받는다. 그리고 군대를 제대한 뒤에도 예비군 소집 훈련에 응하지 않을 경우에는 향토예비군설치법 제15조 4항에 따라 500만 원 이하의 벌금이나 3년 이하의 징역형을 받는다. 그러니 제2국민역으로 면제를 받지 않는 이상, 병역의무를 다하지 않는 사람은 엄청난 희생을 각오해야 한다.

그러나 여기가 끝이 아니다. 병역법 제76조는 병역의무를 이행하지 않는 사람이 그 대가를 치르고 나서도 계속 불이익을 받도록 만든다. 병역의 의무를 다하지 않은 사람은 공무원이 될 수 없고, 정부의 허가를 받아야 하는 사업체의 허가나 인가, 면허, 등록을 받지 못한다. 이러한 법적 제약말고도, 한국 사회에서 군대에 갔다 오지 않은 남성은 뭔가 큰 문제를 가진 사람으로 여겨지곤 한다. 이렇게 병역의무를 다하지 않을 경우 성인 남성은 한국 사회에서 매우 불편하게 살아야 한다. 군대에 가지 않으면 감옥에 갈 각오를 해야 하고, 형을 마친 이후에도 전과자로 낙인찍히고 사회적으로 차별을 받는 등 엄청난 불이익을 감수해야 한다.

왜 이렇게 처벌 조항을 강하게 만들었을까? 외국의 경우를 보면 징병제를 채택하지 않는 나라들도 많은데, 한국은 왜 이렇게 모든 남성을 군인으로 만들려고 할까?

역사를 살펴보면 우리는 오랜 옛날부터 외국의 잦은 침략에 시달려 왔다. 대륙으로 들어오고 해양으로 나가는 길목인 반도라는 지형 탓에 주변의 강대국들은 계속 이 땅을 탐냈다. 수많은 침략에 맞서 싸우며 이 땅을 지켜야 했기에 강한 군대를 보유해야 한다는 생각은 한반도의 국민이라면 누구나 인정하는 상식이 되었다. 다른 나라의 속국이 되거나 일제 식민지로 전락했던 역사적인 경험은 이런 상식을 더욱더 강화시켰다. '강한 군대 = 자주독립'이라는 공식은 누구도 침범할 수 없는 불문율이었다.

1950년 6월 25일에 시작된 한국전쟁은 같은 민족조차 믿을 수 없는 비극적인 상황을 불러왔다. 한 민족이 두 편으로 나뉘어 서로 총부리를 겨누며 싸웠고 서로의 터전을 완전히 파괴했다. 이런 과정에서 쌓인 증오와 남북한의 군대가 대치하는 분단 상황은, 평화와 미래를 고민해야 할 학교에서 군복을 입고 총검술을 연습하게 만들었다. '휴전선'이라는 말이 뜻하듯 우리에게 전쟁은 먼 미래의 일이 아니라 잠시 중단된 사건이다. 따라서 전쟁이 중단된 기간에 상대방을 제압할 수 있는 강력한 군대를 만들어야 했다.

게다가 1961년부터 1992년까지 한국의 최고 권력을 장악했던 사람들은 모두 군인이었다. 1961년 5·16 쿠데타로 권력을 잡은 박정희 대통령과 12·12 쿠데타로 정권을 세운 전두환, 노태우 대통령 모두 군인 출신이었다. 이들은 온 국민을 자신이 지휘하는 군대의 군인처럼 만들려 했다. '체력은 국력'이기에 전 국민이 라디오의 구령에 맞춰 같은 시간에 같은 동작으로 국민체조를 해야 했다. 등화관제 훈련, 민방위 훈련 등을 통해 시민들도 군인처럼 행동하게 했고, 그러면서 온 나라가 하나의 부대로 변해 갔다. 정권을 잡은 군인들이 만든 군사문화는 얌전히 복종하는 시민을 만들었고, 시민들은 상급자인 공무원의 명령이나 지시에 무조건 따르는 병사가 되어 갔다.

지금까지 군대에 관한 얘기들은 다양하고 무성했지만 정작 군대라는 조직 자체에 관한 논의는 제대로 이루어지지 않았다. 군대와 관련된 얘기들은 주로 내가 직접 경험한 것이나 다른 사람이 경험했던 것을 옮기는 개인적인 얘기들이다. 그래서 왜 군대가 필요한지, 군대가 어떻게 운영되어야 하는지에 관한 얘기는 드물었고, 그에 관한 진지한 고민도 아직까지 부족하다.

사실 군인들이 한국 사회를 지배하던 시기에 군대에 관해 얘기하기란 어려웠다. 가벼운 농담 정도야 있었겠지만, 군대라는 조직 자체에 의문을 던지는 것은 물론이고, 의문사나 폭행, 비리 등 군대 내에서 겪은 부조리한 일에 관해 얘기하는 것은 금지되었다. 특히 병역을 거부한다는 생각은 국민의 의무를 회피하는 파렴치한 행위로 여겨졌다. 일제 식민지, 한국전쟁을 거치면서 군대라는 조직은 반드시 필요한 것으로 여겨졌고 그것을 비판하면 빨갱이로 몰리기 십상이었다.

이런 사회에서 군대가 왜 필요한지를 묻거나 징병제도가 반드시 필요하냐고 묻는 것, 나아가 군대에 가지 않겠다고 말하는 것은 엄청난 죄를 저지르는 것이었다. 남자라면 무조건 군대에 갔다 와야 하고, 그래야 사람 구실을 한다고 생각했다. 그리고 군에 가지 않는 여성들은 국민으로서의 의무를 다하지 않았기에, 아니 다할 수 없기에 반쪽짜리 시민이 되었다. 군사화된 사회에서 여성은 군대에 관해 얘기할 수 없다. 그럴 경우 군대에 다녀온 것도 아니면서 어떻게 군대 이야기를 할 수 있냐는 비난만 듣기 때문이다.

하지만 시대가 바뀌었다. 이제 군대 내의 에피소드만이 아니라 군대 자체에 대해 물음을 던질 수 있고, 군대가 존재하는 이유인 전쟁에 관해서도 얘기할 수 있게 되었다. 아주 기본적인 물음부터 시작해 볼 수 있다. 몸에 대한 권리는 나의 것인데 왜 내가 다른 사람이나 조직의 명령을 따라야 할까? 대한민국은 민주공화국인데, 왜 군대에 입대할지 말지를 내 의지로 선택할 수 없을까? 왜 군인이라는 이유만으로 상급자의 부당한 명령에 무조건 복종해야 할까? 똑같이 젊음을 바쳐 나라를 지키고 험한 일을 도맡는데, 왜 사병과 직업 군인의 봉급은 달라야 할까? 이제 이런 물음들에 진지하게 답할 때가 되었다.

더 나아가 이런 의문도 있을 것이다. 설령 내가 군인이라 해도 침략전쟁은 거부할 수 있지 않을까? 방어를 위해서가 아니라 그 어떠한 이유든 다른 나라를 침략하기 위한 전쟁에서는 총을 들기를 거부할 수 있지 않을까? 무차별적으로 사람들을 학살하는 대량살상무기를 개발하거나 사용하는 것을 거부할 수 있지 않을까? 명령받은 대로 따르는 기계가 아니라 스스로 판단하고 행동하는 인간으로서, 이제는 우리 자신에게 이런 물음을 던져야 한다.

군대가 없으면 나라가 망할까?

왜 군대에 가기 싫어할까?

거부감은 어디에서 오는가?

임순례 감독의 영화 〈세 친구〉(1996)의 주인공 섬세와 삼겹, 무소속은 고등학교를 갓 졸업한 청년들이다. 신체 건강한 대한민국의 남성이기에 이들은 공통된 고민을 안고 있다. 바로 군입대이다. 물론 그 나이 또래의 청년들이 모두 군대에 가는 건 아니다. 대학에 입학하면 입대를 미룰 수 있지만 셋 모두 대학에 가지 못했기 때문에 입대를 미루거나 피할 방법이 없다. 결국 삼겹은 몸무게를 늘려 면제를 받고, 여성적 감수성이 풍부한 섬세도 면제를 받는다. 유일하게 현역으로 입대한 무소속은 어디에도 소속되기 싫어하는 그 기질 때문에 군대에서 구타를 당하고 결국은 귀가 먼다. 군대는 세 친구의 삶을 이렇게 바꿔 놓았다. 그 이후로도 삼겹과 섬세, 무소속은 계속 친구로 남았을까?

국민의 '신성한' 의무이고 모두가 져야 하는 의무인데 왜 이들은 그토록 군대에 가기 싫어했을까? 사람들이 군대에 가기 싫어하는 이유는 아주 다양하겠지만 몇 가지 대표적인 예를 꼽아 보자.

일단 군대는 억압적이다. 군대는 전쟁을 치르기 위해 존재하는 조직이다. 언제라도 전쟁터에 나가 싸울 수 있도록 꾸준하게 전투 훈련을 받아야 하고, 효과적으로 전투를 치르기 위해 명령을 내리거나 따르는 법을 배운다. 군대는 '앞으로 돌격'이라는 명령을 받으면 두려움을 떨치고 수많은 적군이 도사리는 곳을 향해 뛰어가는 군인을 만드는 조직이다. 그래서 군대에서는 상급자가 내리는 명령을 거역하면 항명죄로 처벌을 받고, 나보다 계급이 높은 사람의 말에 토를 달거나 대꾸하면 하극상(下剋上)으로 비난을 받는다. 내 마음에 들든 안 들든, 합리적이든 부당하든, 나보다 계급이 높은 사람의 명령에는 무조건 따라야 한다.

이런 문화는 한국에서 낯설지 않다. 한국에는 윗사람의 말에 무조건 따르는 문화가 생활화되어 있기 때문이다. 우리는 나이가 많거나 지위가 높은 사람의 명령과 지시를 따르는 것이 예의로 오해되는 기이한 사회에 살고 있다. 심지어 스스로 생각하고 행동하는 인간을 길러야 하는 학교가 군사문화를 미리 학습시키는 역할을 담당하기도 한다.

역사학자 박노자(2003)의 말처럼 일제 강점기에 그 틀을 갖춘 한국의 교육문화는 조례와 경례, 합창, 일방적인 지시와 복종을 강조한다는 점에서 군사문화와 맞닿아 있다. 한국의 학교에서는 "학급 순서에 따른 군대식 정렬, 엄숙한 경례, 일사불란한 합창, 위엄이 넘치는 훈시, 그리고 집단 체조 등이 바로 운동장에서 펼쳐"지고 이런 의식들은 "학생들의 몸과 머리에 서열적, 권위주의적, 복종적, 기계적 세계관(그리고 감성과 행동 습관)을 주입시키는 장치들"로 작용한다. 이미 거대한 병영으로 변한 사회에서 사는 사람들은 억압적인 군사문화에 저항감을 느끼지 않을지 모른다.

군대가 없으면 나라가 망할까?

하지만 그만큼 오래 길들여져 왔기에 더욱더 반감이 생기기도 한다. 청소년기를 군대 같은 학교에서 몽땅 보내고 이제 성인이 되어 자유를 만끽하려는데, 또다시 머리를 깎고 '학교 같은 군대'에 가라니 너무 억울하지 않은가? 그러니 군대라는 말을 듣는 순간 강한 거부감을 느낄 수밖에 없다.

그리고 군대는 억압적일 뿐 아니라 획일적이다. 군인을 생각하면 어떤 이미지가 떠오르는가? 모두가 똑같은 옷에, 짧게 깎은 머리, 똑같은 음식을 먹는다. 연병장에 세워 놓으면 누가 누군지 구분하기조차 힘들다. 이렇게 외모가 비슷해질 뿐 아니라 하루 일과도 부대의 장교가 정하는 대로, 무엇을 어떻게 사용하는가도 지침에 따라야 한다. 가끔씩 찾아오는 위문공연이나 행사 때가 아니면 군인은 자신의 개성을 표현할 방법을 찾기 어렵다. 괜히 창의적인 발상을 하다가는 '모난 돌이 정 맞는다'라는 속담처럼 피해를 입기 때문에 군대에서는 중간에서 남들을 따라 하는 게 최고라고 말한다.

이런 획일적인 군사 문화는 일반인에게도 매우 익숙하다. 다른 사람들이 자장면을 먹으면 짬뽕을 먹고 싶어도 자장면을 선택해야 하는 비극적인(?) 상황처럼, 모든 것을 다수에 맞춰야 하는 문화가 우리 사회에는 강하게 뿌리내리고 있다. 사정이 이러하니 한창 개성을 뽐내고 자신의 정체성을 확인해야 하는 시기에 2년 정도를 군대에서 보내야 한다고 생각하면 눈앞이 캄캄할 수밖에 없다.

군대를 싫어하는 이유가 단지 억압적이고 획일적이어서만은 아니다. 군대의 문화뿐 아니라 목적 자체가 사람들을 두렵게 하기도 한다. 군대는 전쟁을 준비하는 조직이기 때문에 생명을 해치는 무기를 다뤄야 한다. 총이나 폭발물을 잘못 다루면 몸이 다치거나 심지어 목숨을 잃을 수도 있다. 순간의 실수로 큰 상처를 입을지도 모르는데 어떻게 두려워하지 않을 수 있을까. 총 같은 무기로 다른 생명을 상하게 하는 것도 두려운 일이다. 아무리 적이라 해도 남에게 해를 입히고 마음이 편할 리 없다. 요즘은 영화나 인터넷을 통해 폭력에 쉽게 노출되고, 스타크래프트를 비롯한 각종 컴퓨터 게임에서 상대방을 공격하고 피해를 입히면서 쾌감을 느끼거나 승리감을 맛보기도 한다. 그래서 청년들이 그런 폭력성에 둔감할지도 모르겠다. 하지만 현실은 영화나 게임과 다르다. 너무 익숙해서 두렵지 않을 수도 있지만 익숙한 만큼 폭력이 더 두려울 수 있다.

군대 내의 구타와 폭력도 항상 사회의 관심을 받아 왔다. 고참의 폭력을 이기지 못해 자살하거나 총기 사고를 일으키는 사건이 매년 수십 건씩 발생하는 게 우리네 현실이다. 대표적으로 2005년 6월에는 김아무개 일병이 자주 질책과 욕설을 들었다는 이유로 장병 8명을 총기로 살해하는 참혹한 사건을 벌이기도 했다.
이런 큰 사고만이 아니라 언어폭력과 신체적인 폭력, 성폭력까지 포함하면 군대 내에서 벌어지는 폭력의 사례는 매우 다양하다. 국방부는 구타방지 벨이나 소원 수리함을 설치해서 이를 예방할 수 있다고 주장하지만

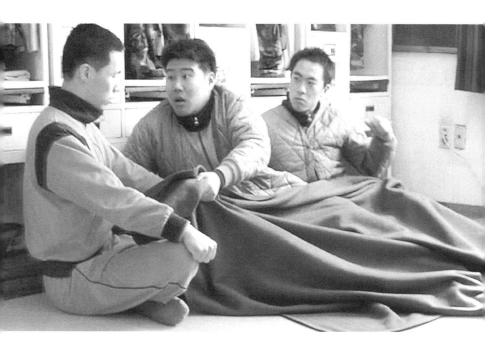

폭력은 말이 없다

국가인권위원회가 성공회대 인권평화센터에 의뢰하여 발표한 「군대 내 인권상황 실태조사 및 개선방안 연구」에 따르면, 선임병에 의해 구타를 당했을 때 가장 먼저 어떻게 하였느냐는 질문에, 응답자 중 89.6퍼센트가 '참았다'라고 대답했다. 반면 '간부에게 보고·상담'한 경우가 3.9퍼센트, '소원 수리를 작성'한 경우가 1.3퍼센트로 나타났다.

같은 시기에 전역 18개월 미만의 예비역을 대상으로 동일한 질문을 던졌을 때 응답자 중 98.1퍼센트가 '참았다'라고 대답했다.

사진은 영화 〈용서받지 못한 자〉(2006) 중 한 장면.

억압적인 군대에서 그런 장치가 실제로 큰 효과를 거두기는 어렵다. 이렇게 몸과 마음이 폭력에 노출될 수밖에 없기 때문에 군대에 갈 생각을 하면 마음이 무겁다.

군대에 입대하는 시기도 문제이다. 모두가 18세에 군대에 입대하는 건 아니지만 대부분은 20대 초반에 군대에 간다. 그 시기는 인생에서 가장 아름답다고 얘기되는 청춘靑春의 시기이다. 하고 싶은 일도 많고 여러 곳을 유랑하며 새로움에 눈을 뜨고 싶은 시기이다. 학교를 다니거나 직장에서 일하며 청춘을 어떻게 보내는가에 따라 미래가 많이 달라질 것이다. 그런데 군대는 그런 청춘의 시기를 빼앗으니 어찌 싫지 않을까? 더구나 청춘의 시기에 중요한 것이 사회적 관계인데, 군대는 그 관계를 차단한다. 군대에 간다고 가족이 해체되거나 연인 관계가 자동적으로 깨지는 건 아니다. 하지만 눈에 보이지 않으면 마음이 떠난다는 말처럼, 군에 가 있는 동안 연인이 '고무신을 거꾸로 신는'(요즘은 '군화를 거꾸로 신는' 특이한 현상도 있다고 한다) 것은 현실이 될 수 있다. 설사 헤어지지 않더라도 사랑하는 사람들과 떨어져 지내는 것 자체가 매우 고통스러운 일이다. 물론 군대도 사람 사는 곳이니 그 안에서 새로운 관계가 만들어지고 제대 이후에도 그 관계가 끈끈하게 이어지기도 한다. 김광석의 유명한 노래 '이등병의 편지'처럼 군 생활은 "이제 다시 시작이다. 젊은 날의 생이여"를 외칠 수 있는 곳이기도 하다. 하지만 닫힌 곳에서 맺어지는 관계가 밖에서 맺었던 관계를 완전히 대체할 수는 없다.

군대는 이런 곳이다. 그래서 많은 성인 남성들이 군대에 가기를 꺼려한다. 이런 사정은 국가도 이미 알고 있기 때문에 군입대를 유도하는 여러 가지 보완장치를 마련해 왔다. 예를 들어, 군입대로 인한 학업 중단의 피해를 최소화하기 위해 군 휴학과 복학제도가 일찌감치 마련되었고, 2007년 1월에는 군에 입대한 뒤에도 방송·통신이나 인터넷 등의 정보 통신망을 활용한 원격수업을 수강해서 학점을 취득하려 할 경우 등록을 허용해야 한다는 규정을 신설했다(병역법 제73조). 공무원의 경우에는 군 복무를 마치고 나면 복직하도록 하고, 그 기간을 실제 근무 기간으로 인 정하고 있다(제74조). 또한 군복무 중 다치거나 목숨을 잃은 사람들은 '국가유공자 등 예우 및 지원에 관한 법률'에 따라 보상을 받을 수 있고 군 의료 시설이나 민간 의료 시설에서 치료를 받을 수도 있다. 그리고 부대에서도 인권교육을 실시해서 구타 등 여러 가지 사고를 예방하고자 노력하고 있다.

하지만 군입대는 여전히 받아들이기 어려운 거부감을 준다. 군대라는 조 직의 성격 자체가 개인의 권리와 충돌하기 때문이다. 모두가 예외 없이 군대에 가야만 한다면 거부감이 줄어들겠지만, 자세히 보면 모두가 평등 하게 군대에 가는 것도 아니다.

군대에 관한 남자들의 속마음

한국 남자들은 군입대를 알리는 신체검사 통지서를 받으면 자신의 신분을 깨닫게 된다. 차별이 없는 민주공화국 대한민국에서 웬 신분 얘기냐고? 하지만 입대를 앞둔 성인 남성들이라면 누구나 알고 있는 농담이 있다.

만일 당신이 '신의 아들'이라면 신체검사 때 면제 판정을 받을 터이니 괜히 군대 걱정을 할 필요가 없고, '인간의 아들'이라면 보충역 판정을 받을 터이니 저녁 시간에 해야 할 일을 생각해야 한다. 그보다 못해 꼼짝없이 현역으로 입대해야 하는 사람들이 있으니 이들을 일컬어 '어둠의 자식들'이라 부른다.

이렇듯 통지서를 받는 순간 한국은 민주공화국이 아니라 계급 사회로 변하고 부모님의 부와 권력이 나의 미래를 결정한다. 그러니 신체검사 통지서는 내게로 이어질 부모님의 신분을 확인하는 리트머스 시험지인 셈이다.

이런 얘기를 마냥 농담으로 넘기지 못하는 것은, 실제로 돈이나 권력을 가진 사람들의 아들이 군대를 면제받는 일이 자주 있기 때문이다. 물론 개중에는 진짜 몸이 아프거나 병역을 치르기에 적합하지 않아 면제를 받는 경우도 있을 것이다. 하지만 그렇기만 하다면 언론이나 정치권에서 그렇게 병역 문제가 논란을 일으키지 않았을 것이다. 한 연구(이남석, 2004)에 따르면 재벌 아들들의 면제 비율이 가장 높고, 그 다음으로 언론사 사주, 차관급 이상의 고위직 공무원, 국회의원 등의 아들들이 병역 면제를 많이 받았다. 질병, 유학 등에 의한 고령화 등 이유도 다양하다. 이들의 면제 사유는 저학력이나 고아, 생계 곤란 등으로 어쩔 수 없이 면제를 받는 일반 시민들과 심한 대조를 보인다. 그러다 보니 '유전면제, 무전복무 有錢免除, 無錢服務'라는 웃지 못할 말까지 만들어질 정도이다.

학교에서는 군대에 가는 것이 국민의 '신성한 의무'라고 배웠는데, 왜 현실에서는 응당 그 의무를 져야 할 사람들이 군대를 피할까? 왜 이 나라에서 가장 많은 이득을 보는 사람들이 대한민국의 국민이기를 거부하는 걸까? '군대에 갔다 와야 사람이 된다'라는데, 그들은 조상 대대로 군대에 다녀오지 않아 사람이 되지 못한 걸까?

이런 의문을 품다 보면 군대에 간다는 사실에 거부감을 가질 수밖에 없다. 그리고 기꺼이 의무를 지겠다는 생각보다 자신이나 부모님이 힘을 가지지 못했기 때문에 어쩔 수 없이 군대에 간다는 회의감을 품게 된다.

특이한 점은 병역비리와 관련된 언론 보도가 끊이지 않고 선거 때마다 중요한 쟁점으로 부각되는데도 이런 현상이 고쳐지지 않는다는 점이다.

비리를 막기 위해 부유층이나 권력층 자녀들을 특별히 관리한다는 얘기도 있지만, 그런다고 정말 문제점이 고쳐질지는 의문이다. 왜냐하면 이런 비리는 제도의 허점보다 현실적인 권력 때문에 발생하기 때문이다. 다른 사람들보다 훨씬 강한 권력을 가진 사람들이 존재한다면 병역비리는 언제라도 발생할 수 있다. 엄청난 권력으로 억누르거나 많은 돈으로 매수할 경우 거기에 굴복하지 않기란 어렵기 때문이다.

따라서 이는 단순히 제도의 힘만으로 사라질 수 없다. 비리를 근절하기 위해서는 힘을 가진 사람들의 선한 의지나 윤리보다 힘이 없는 사람들의 감시와 참여가 절실하다. 강자를 감시하고 비판하는 눈초리가 매섭다면 각종 비리는 발생하기 어려운 법이다. 그런데 이를 위한 적극적인 노력은 현실에서 찾아보기 어렵다. 왜일까?

왜 군대를 비판하면 적이 되어야 할까

사람들이 병역비리의 문제에 관심을 많이 기울이지 않는 것은 다소 역설적인 두 가지 원인 때문인 듯하다. 하나는 문제를 근본적으로 해결하지 않고 왜곡된 형태의 해우소解憂所에서 박탈감을 해소하기 때문이고, 다른 하나는 병역비리를 사실상 막을 수 없다는 체념 때문이다. 첫 번째 원인부터 살펴보자.

권력이나 든든한 뒷 배경, 돈을 가지지 못한 어둠의 자식들은 자신의 신세를 한탄하며 현역으로 입대한다. 하지만 마냥 슬퍼할 필요는 없다. 인생에는 언제나 반전의 기회가 있기 때문이다. 군대에 다녀온 어둠의 자식들은 제대 후에 신의 아들과 인간의 아들을 비웃는 존재로 신분 상승

할 수 있다.

한국 남성들의 모임에서 군대는 빠지지 않는 소재이다. 군대 얘기만 나오면 서로 앞 다투어 자신이 수색대나 특공대 출신이고, 저격수였다고 주로 '뻥'을 친다. 어디서 근무했고, 보직이 뭐였고, 축구를 잘했고 등의 다양한 이야기들이 몇 시간씩 이어진다.

술자리에서뿐만이 아니다. 많은 한국 남성들이 군대에 다녀왔기 때문에, 때때로 군대 이야기는 드라마나 영화의 소재가 되기도 한다. 김기덕 감독의 〈해안선〉(2002)처럼 군대라는 조직의 폭력성을 드러내는 무거운 영화도 있지만, 대부분의 영화나 드라마는 군대 생활을 인간적이고 유쾌하게 묘사한다. 남자들끼리 생활하는 공간에서 벌어지는 여러 가지 에피소드, 헤어진 연인이 서로를 애타게 그리워하는 내용, 부모님에 관한 얘기들, 힘든 군사 훈련을 받으며 생기는 여러 가지 사건·사고 등 군대와 관련된 소재는 무궁무진하다.

그래서 군대 얘기는 묘한 '동료 의식'을 낳으며 군대에 다녀오지 않은 사람들을 은근히 배제하기도 한다. 주로 '까라면 깐다'라는 철저한 계급사회에서 생기는 일들을 비꼬는 내용이기 때문에, 군대를 경험하지 않은 사람들은 이해하기가 어렵다. 이병, 일병, 상병, 병장 등의 계급 구분과 사병, 하사관, 장교 간의 갈등 같은 내용은 체험하지 않고서는 공감하기 어렵기 때문이다.

만일 이런 이야기를 나누는 자리에 '신의 아들'이나 '인간의 아들'이 함께 있다면 그들은 '반드시' 침묵을 지켜야 한다. 어둠의 자식들이 신나게 얘기하는 '고난의 행군'에 거부감을 드러내거나 재미없다며 다른 얘기를 꺼내는 순간, 신이나 인간의 후손들은 '왕따'가 된다. 그리고 어둠의 자식들은 그 순간 '신성한 국민'으로 변신한다.

재미있는 현상이다. 군대에 가기 전에는 면제를 받거나 편한 곳으로 배치받지 못하는 것이 무능력과 결핍의 상징이었는데, 제대한 뒤에는 그 박탈감이 묘한 공격성으로 변한다. 어떠한 이유로든 군대에 다녀오지 않았다는 사실은 비난의 근거가 되고, 군대를 비판하거나 군대가 필요하지 않다고 하는 사람들은 고통이 뭔지 모르는 나의 적이 된다. 강자의 부정은 고발하지 못하면서 같은 약자 속의 차이는 비아냥거림의 대상이 된다. 시인 김수영의 말처럼 "나는 작은 것에만 분노한다". 그래서 군에서 보낸 시간과 체험은 군대를 경험하지 않은 사람들, 특히 여성들이 얘기해서는 안 되는 금기의 소재가 된다.

이런 왜곡된 형태의 '해우소'는 군대라는 조직을 무조건 인정해 버리고, 근본적인 성찰을 거부한다. 자신의 희생을 보상받으려는 심리는 희생을 강요하는 사회의 구조적인 문제, 즉 사회의 불평등함을 보지 못하게 한다. 그리고 희생에 대해 개인적 차원에서만 보상을 받으려 하게 된다. 그러다 보니 그 만족을 방해하는 원인들을 무조건 적대적인 시선으로 바라본다. 하지만 이러한 인식은 병역의 불평등이나 구조적인 비리를 지속시킬 뿐이다.

병역비리가 근절되지 않는 또 다른 원인은 사람들이 현실의 모순을 인정하고 부조리에 눈을 감기 때문이다. 주로 힘없고 '빽' 없는 사람들이 군대에 가고 전쟁에 참전해서 목숨을 잃거나 부상을 당한다. 반면에 최고 권력을 가진 사람이나 재벌의 자식들이 전쟁터에서 목숨을 잃는 경우는 거의 없다(이라크에 파병된 부대에 고위층이나 재벌가의 자식이 있는가?). 이런 점이 너무 노골적인 사실이다 보니 사람들은 점점 그것을 문제로 받아들이지 않게 된다. 그러다가 부정에 둔감해지고 급기야 정상적인 것으로 인정한다.

그런데도 헌법 제39조 1항은 모든 국민이 법률에 따라 국방의 의무를 진다고 규정하고 있다. 규정에 따라 국방의 의무를 공평하게 지든지, 아니면 법률을 개정해서 원하는 사람만 군대에 가도록 하든지, 잘못된 현실을 바로잡으려는 노력이 필요한데, 사람들은 여기에 관심을 두지 않는다.

강자의 드러난 부정보다 더 심각한 문제는 약자들이 사회에 무관심하고 순응하는 것이다. 만일 제도가 불평등한 현실을 바로잡지 못한다면, 이제는 그 제도 자체를 한번 진지하게 고민해야 한다.

가고 싶어도 가지 못하는 사람들

남자는 안도한다, 여성이 군대에 가지 않으므로

군대에 가기 싫어하는 사람들이 있는 반면에 군대에 가고 싶어도 가지 못하는 사람들도 있다. 예를 들면 여성들이 그러하다. 물론 여성도 원할 경우 현역으로 입대할 수 있다. 실제로 2007년 9월을 기준으로 여군의 숫자는 장교와 부사관을 합쳐서 4,707여 명이나 되고, 2002년에는 한국 최초로 여군 장군이 탄생하기도 했다. 이렇게 장교나 하사관으로 지원해서 군대에 가기는 하지만, 남자들처럼 일정한 연령이 되면 자동적으로 징집되는 것은 아니다. 또한 여군의 업무는 직접 전투와 관련된 일보다 간호나 전산 같은 분야로 제한되는 경우가 많다. 왜 여성들은 차별을 받을까?

만일 국민의 의무를 대한민국 국민 '모두'가 져야 할 신성한 의무로 본다면, 한국의 여성은 국민이 아니란 말인가? 이스라엘(남성은 3년, 여성은 2년)과 말레이시아, 리비아 등에서는 여성이 남성과 똑같이 병역의무를 지고 있다. 그래서인지 2005년에 한 여고생이 "병역법 제3조 1항과 2항이

양성평등의 원칙과 모든 국민이 국방의 의무를 지도록 한 헌법 제39조에
위배된다"라며 여성도 군대에 가도록 해달라고 헌법소원을 제기하기도
했다.

군대에 가지 않는 여성을 고려한다면 분명히 모든 국민이 평등하게 국방
의 의무를 지는 것은 아니다. 그렇다면 왜 여성은 군대에 징집되지 않을
까? 보통 말하는 이유는 여성들의 신체 조건이 군사 훈련을 받거나 전쟁
을 치르기에 적합하지 않다는 점이다. 강한 체력과 힘을 가져야 군인으
로서의 임무를 다할 수 있는데, 여성들의 신체 조건이 그 임무에 적합하
지 않다는 것이다. 옛날 아마존의 여전사나 프랑스의 잔 다르크처럼 남
자보다 더 강인한 여성도 있겠지만, 일반적으로 여성보다 남성이 체력과
힘에서 뛰어나기 때문에 남성들만 군대로 징집한다는 얘기다.

하지만 꼭 전쟁터에서 싸워야만 전쟁에 참여한다고 할 수 있는 것은 아
니다. 행주치마의 유래가 된 임진왜란 때의 행주산성 전투에서 여성들이
돌을 날랐듯이 여성들도 전쟁에 참여할 수 있다. 비중은 다르지만 그런
역할 역시 전쟁을 치르는 데 반드시 필요하다. 그러니 직접 군인으로 활
약하지는 못하더라도 여성도 비전투요원으로 얼마든지 군대에서 일할

수 있다. 또한 이제는 옛날처럼 칼과 창을 들고 싸우지 않기 때문에 체력과 힘은 현대의 전쟁에서 승패를 가르는 중요한 요소가 될 수 없다. 따라서 신체적인 조건만을 이유로 여성의 군입대를 막으려는 생각은 왠지 궁색해 보인다.

그렇다면 여성의 군입대를 가로막는 감춰진 이유는 뭘까? 한국 사회는 가부장제 사회이다. 가부장제 사회에서는 가장 역할을 맡는 남성이 권력을 쥐고 사회를 지배한다. 이를 위해 남성과 여성의 사회적 역할이 구분된다. 남성들이 공적인 존재로서 가정 밖의 사회적인 역할을 주로 담당한다면, 여성들은 사적인 존재로 가정 내에서의 역할을 전담한다.

그러다 보니 '암탉이 울면 나라가 망한다'라는 못된 속담처럼 여성이 공적인 일에 개입하는 것이 금기로 여겨졌다. '현모양처'라는 말처럼 현명한 어머니, 좋은 아내로서의 역할만이 여성에게 강요되었고, 나라를 지키는 공적이고도 중요한 일은 남성들의 전유물이 되었다. '내가 지키는 나의 나라'라는 생각은 군대 경험을 통해 자연스럽게 남성들에게 심어지고 길러진다. 그래서인지 일찍이 영국의 소설가 버지니아 울프Virginia Woolf는 "여자에게 조국은 없다"라고 말하기도 했다. 여성들의 애국심이 부족해서가 아니라 조국이라는 말을 가질 권리를 박탈당했기 때문이다.

한국 사회의 가부장적인 성격은 군에 간 여성들이 겪는 차별에서도 드러난다. 한국 군대는 남성과 여성이 동등한 역할을 해야 한다고 강조하면서도 다른 한편으로는 여군이 남성 중심의 군대를 장식하는 '꽃'이길 원한다. 그래서 여군은 군대 내에서 성희롱의 대상이 되거나 불합리한 처우를 당하기도 한다. 그 예로 여군은 있지만 여자 화장실이 없는 경우도

가슴이 없다면 퇴역하라?

1979년에 입대하여 헬리콥터 조종사로 복무하던 피우진 중령은 2002년 유방암 진단을 받고 유방 절제 수술을 받았다. 그 후로 2005년까지 체력 검사에서 합격 판정을 받았지만, 같은 해 수술 흔적이 발견되면서 신체의 일부가 훼손되었다는 이유로 강제 퇴역 처분을 받았다. 피우진 중령은 유방암 수술 뒤 완치에 가까워 가고 있어 현역 복무에 아무런 지장이 없는데도 자신을 퇴역시킨 것은 재량권 남용이라며 국방부 장관을 상대로 퇴역 처분 취소 소송을 제기했다. 여성단체와 인권단체들도 암을 극복한 생존자를 퇴역시키는 것은 시대착오적이라며 국방부의 퇴역 조치에 강하게 반발했다.

있다.

군대 내 성차별을 받은 대표적인 예가 한국 최초의 여성 헬기 조종사인 피우진 중령이다. 피우진 중령은 유방암에 걸린 뒤 유방을 절제하고 완치되었지만 3년 뒤에 유방을 절제했다는 바로 그 이유 때문에 장애등급 판정을 받고 강제 퇴역당했다. 다행히도 2007년 10월, 법원은 "오늘날 현역복무를 단순히 육체적 전투수행으로 볼 게 아니라 군 조직관리나 행정 업무 등을 포괄하는 종합적 전투수행으로 봐야 하는 점, 군인사법 시행규칙상 심신장애 등급이 과도하게 높게 책정돼 있는 점 등"을 지적하며 퇴역 취소 판결을 내렸다. 결국 피우진 중령은 명예를 회복했지만, 이 사건은 군대 내에서 남성이 여성을 차별하고 있다는 점을 증명한다.

군대의 규격에 의해 남성도 차별받는다

군대 내 불평등은 여성만의 문제가 아니다. 남성이지만 군대에 갈 수 없는 사람들도 있다. 가령 장애인 남성들이 그러하다. 현재 징병검사나 신체검사는 신체적 장애가 있는 경우라도 군사 훈련이 가능하면 4급 판정을 내려서 공익근무요원으로서 국방의 의무를 대신하게 한다. 군사 훈련조차 받을 수 없는 남성은 5급 판정을 받고 제2국민역으로 분류되어 민방위 훈련을 받고, 6급 판정을 받은 사람은 완전 면제를 받는다. 분명한 장애가 없더라도 키가 너무 크거나 작은 남자, 너무 뚱뚱하거나 너무 마른 남자도 4급에서 6급 사이의 판정을 받는다. 이처럼 군대는 자신이 원하는 신체, 규격에 맞는 신체를 가진 사람들만 선발한다.

단지 신체적인 조건 때문에 국방의 의무를 지지 못하고, 그래서 국민으로 대접받지 못한다면 이런 불평등을 바로잡아야 하지 않을까? 특히 겉으로 드러나지 않는 정신적인 장애를 가진 사람들은 더욱더 쉽게 차별에 시달릴 것이다.

신체적인 조건만이 문제가 아니다. 현행 병역법에 따르면 초등학교까지만 학교를 다녔거나 1년 6개월 이상의 실형을 선고받고 감옥에서 복역한 사람, 고아나 한국인으로 귀화한 외국인도 군대에 가지 못한다. 가정환경이 어려워서 징병 대상자가 생계를 책임져야 하는 경우에도 제2국민역 판정을 받는다. 이처럼 신체 조건뿐 아니라 개인적인 사정이나 가정환경도 군대를 면제받는 근거가 된다.

외국인의 피가 섞인 혼혈인 남성도 군대에 가지 못한다. 병역법 시행령 제136조 제1항 제2호의 규정에 따르면 군대에 잘 적응하지 못하거나 집단 따돌림을 받을 수 있다는 이유로, 겉모습으로 금방 구분되는 혼혈인이나 아버지와 함께 자라지 않은 혼혈인은 제2국민역 판정을 받는다. 요즘 이주노동자와 결혼하거나 국제결혼을 하는 사례가 많아지면서 한국 사회에서도 자연스럽게 서로 다른 피가 섞이고 있는데, 아직까지 병역법

군대에 대한 남성들의 진짜 속마음

한국여성정책연구원이 2007년 8월에 성인 남성 1,000명을 대상으로 전화 설문조사를 한 결과에 따르면, 40.5퍼센트가 군복무와 관련해 개선되어야 할 우선적 과제로 병역비리 등 불평등한 징집 절차를 꼽았다. '공무원 시험 등에서 가산점 부여'는 그 뒤를 이어 29.4퍼센트가 나왔다.
군가산점제도의 부활에 반대하는 사람들은 군대 생활에 대한 보상을 받으려면 희생을 강제한 국가에게 요구해야 하지, 여성들에게 보상해 달라고 하는 것은 비합리적이라고 비판한다.

"여성들이 못 하는 것을 한다는 것은 남성성의 중요한 구성 요소이고, 여자와 다를 뿐만 아니라 여자를 보호할 수 있는 자로서의 정체성은 군대적 남성성에서 이룬다."
– 권인숙 교수가 「대한민국은 군대다」라는 자신의 저서에서 여성징병에 대해 찬성하는 남성의 비율이 24.9퍼센트에 불과한 것으로 나타난 2005년 7월 「중앙일보」 여론조사에 대하여 설명한 내용.

은 이런 혼혈인들을 징병의 대상으로 고려하지 않고 있다. 실제로 따져 보면 이렇게 많은 수의 사람들이 여러 가지 이유로 국방의 의무를 지고 있지 않다. 이는 국민의 평등권을 침해하는 일이 아닐까? 군대에 가지 못 하는 이들은 국민으로서의 의무를 어떻게 다해야 할까?

어떤 이는 국방의 의무를 지지 않으면 좋은 게 아니냐고 물을지도 모르 겠다. 그러나 한국 사회에서 군대는 단순히 병역의무를 다하는 것으로 끝나지 않고 취업을 하거나 결혼 생활을 하는 데 영향을 미치기도 한다. 군대에 다녀오지 않은 사람은 사회 생활을 하면서 다양한 형태의 차별을 받을 수 있다. 군대에 가지 않는 것을 혜택으로 여기는 사람도 있겠지만 그것이 기회균등이나 평등의 원칙을 어긴다고 보는 사람들도 있다. 겉으로 드러나는 신체 장애인의 경우가 아니라면 다른 사람들로부터 병 역기피나 병역비리의 의심을 받을 것이고, 취직에서 사실상의 불이익을 당하기도 한다. 군대에 다녀오지 않은 사람들은 군대나 국가의 이익과 관련된 공개 토론에서 발언권을 빼앗기기도 한다. 2007년에 폐지된 군 가산점제도나 파병과 관련된 논쟁들에서 그런 현상이 자주 나타났다. 이런 문제점을 인식했는지 정부는 여성과 감옥에 갔다 온 사람, 고아 등 도 원할 경우에 22개월 동안 '사회복무'의 형태로 국방의 의무를 다할 기 회를 주는 대신 이들에게 채용시험에서 가산점을 주는 병역법 개정안을 준비하고 있다(정부는 현역과 사회복무자를 구별해서 가산점을 주는 방안까지 고려하고 있다). 하지만 여성계는 이런 결정이 군가산점제를 부활시키려는 시도이고 병 역의무 대상이 아닌 여성들을 병역제도의 틀 안으로 끌어들이려는 편법이라며 반발하고 있다. 그리고 국방부의 안은 여전히 신체적인 장애를 가진 사람들을 고려하지 않고 있다. 정부의 안은 주로 드러난 문제만 해결하려는 임시방편이라 근본적인 해결책이 되지 못한다.

우리는 문제를 조금 더 근본적으로 생각해야 한다. 군대에 가지 않는다고 나라나 공동체를 위해 아무 일도 하지 않는 것은 아니다. 군대에 가지 못하는 사람들도 이 사회를 유지하는 데 필요한 다양한 일을 맡고 있다. 다만 여러 가지 조건 때문에 군대에 가지 못할 뿐이다. 따라서 부정한 방법으로 병역을 면제받은 것이 아니라면, 군대에 다녀오지 않았다는 이유만으로 한 사람이 사회에 기여한 바를 낮게 평가할 수 없다.

이제 국방의 의무는 공적인 일에 참여하는 다양한 방식 중 하나로 받아들여져야 한다. 그래야 군대에 가지 못하는 사람들도 군입대가 아닌 다른 방식으로 공적인 일에 참여하고 책임을 짐으로써 사회에 자신의 요구를 당당히 밝힐 수 있다. 군대에 갈 수 있는 사람과 가지 못하는 사람으로 구분할 것이 아니라 사회에 필요한 공적인 일에 모든 시민이 공평하고 공정하게 참여할 수 있도록 다양한 길을 열어 주는 것이 중요하다. 공적인 일은 국가의 방어만이 아니라 국가를 유지하고 발전시키며 건강한 미래를 보장하는 등의 여러 가지 형태로 마련된다.

이렇게 보면 군대는 공동체를 지속시키고 발전시키기 위해 필요한 여러 가지 조직들 중 하나일 뿐이다. 그러니 유독 국방의 의무에만 신성함을 부여할 필요는 없다. 다양성을 인정하고 개개인이 자신에게 맞는 역할을 맡을 수 있어야 사회가 발전할 수 있을 것이다.

헬렌 켈러

시대에 눈을 뜨다,
전쟁에 맞서 파업을 주장하다

신체의 장애를 극복한 여인,
그러나 평화주의자로서 더 위대한 사람

태어날 때부터 많은 신체적 어려움을 겪은 헬렌 켈러는 자신의 의지로 삶을 변화시켰다. 이 변화의 과정은 여러 글을 통해 쉽게 접할 수 있다. 그러나 거기까지만 알고 있다면, 헬렌 켈러를 반 정도만 알고 있다고 봐도 무방하다.

잘 알려져 있지는 않지만 헬렌 켈러는 미국의 유명한 평화주의자이기도 했다. 대학 시절 여성문제에 관심을 갖기 시작하면서 사회운동에 참여하기 시작했고, 1909년 29살의 나이로 사회당에 입당해 적극적으로 평화 활동을 벌이기도 했다. 당시만 해도 여성 참정권이 인정되지 않았기 때문에, 헬렌은 적극적으로 여성 참정권 운동을 펼쳤다(미국은 1920년에 여성의 참정권을 인정했다). 그녀는 또한 자본주의의 비판자이기도 했다. 특히 미국의 윌슨 대통령이 세계의 민주주의 수호를 위해 제1차 세계대전에 참전하겠다고 밝히자, "(미국 백인들이)수많은 흑인을 학살하는 상황에서 우리의 지도자는 세계 평화와 민주주의를 지키기 위해 싸우고 있다고 말할 수 있는가?"라며 날카롭게 비판했다. 헬렌 켈러는 전 생애에 걸쳐 사형제도, 아동노동, 인종차별을 반대했고, 평화를 위해 싸웠다.

그녀는 대중집회에서 "전쟁에 맞서 파업을 벌이십시오! 여러분 없이는 어떤 전투도 할 수 없습니다! 유산탄과 독가스탄, 모든 종류의 살인도구를 만드는 일을 거부하는 파업을 벌이십시오! 수백만 인류의 죽음과 고통을 뜻하는 전시태세에 맞서 파업을 벌이십시오!"라고 연설하기도 했다.

반전주의자이며 평화주의자였던 헬렌 켈러의 위인전은
다시 쓰여져야 한다.
신체적 어려움만이 아니라 사회의 문제에도 맞선
용감한 사람이었다고.

2

병역거부는 병역기피인가?

개인이 공적인 의무를 다하지 않을 경우, 국가는 공동체의 이름으로 개인의 권리를 박탈한다. 공동체를 위해 일하지 않으면 공동체가 보장하는 권리도 누릴 수 없다는 점은 상식이다.

이탈리아의 사상가 마키아벨리N. Machiavelli가 『군주론』에서 말했듯이 "새로운 국가든, 옛 국가든 또는 혼합 국가이든 간에 모든 국가의 기본이 되는 기초는 훌륭한 법과 군대"이다. 그는 "훌륭한 군대가 없는 곳에는 훌륭한 법이 있을 수 없고, 훌륭한 군대가 있는 곳에는 훌륭한 법이 반드시 있"다고 말했다. 법과 군대라는 기본적인 제도 없이 나라가 유지될 수 없다고 마키아벨리는 믿었다.

그런데 이런 상식을 깨고 군대에 가기를 거부하는 사람들이 있다. 앞에서 살펴봤듯이 군대에 가기 싫어하는 이유야 사람마다 다를 것이다. 그런데 이들이 총을 들거나 군대에 가기를 거부하는 이유는 평화에 대한 신념 때문이다. 이들을 일컬어 '양심에 따른 병역거부자'라 부른다. 병역거부자들은 헌법이 정한 국방의 의무를 거부했기 때문에 병역법에 따라 감옥에서 징역을 산다. 평화를 사랑하고 실현하려 한다는 이유로 사람들을 감옥에 가둔다니, 뭔가 이상하지 않은가?

모순矛盾이라는 말에 얽힌 고사가 있다. 옛날에 무기를 파는 상인이 외쳤다. "이 창은 무엇이든 뚫을 수 있을 만큼 강합니다. 그리고 이 방패는 무엇이든 막아 낼 수 있습니다. 훌륭한 창과 방패를 사세요." 그러자 지나가는 행인이 물었다. "그 창으로 방패를 찌르면 어떻게 되오?" 상인은 대답을 하지 못했다. 창과 방패를 팔기 위해 자랑을 하는 건 좋았지만 '무엇이든'이라고 말했기 때문이다.

마찬가지로 군대는 외국의 침략을 막고 평화를 실현하기 위해 존재한다고 얘기된다. 그런데 양심에 따른 병역거부자들은 평화를 실현하기 위해 군대에 갈 수 없다고 말한다. 병역을 찬성하는 사람들은 총을 들어야 평화를 지킬 수 있다고 주장하고, 병역을 거부하는 사람들은 총을 놓아야 평화를 실현할 수 있다고 주장한다. 한쪽은 군대라는 창이 강하면 어떠한 침략이라도 막을 수 있다고 하고, 다른 한쪽은 먼저 총을 내려놓고 평화의 의지를 드러내는 것만큼 강한 방패는 있을 수 없다고 믿는다.

당신은 어느 쪽의 손을 들어주겠는가?

총을 들지 못하는 양심과 신념

병역거부의 주홍글씨

개인적인 이익을 고려해서 군대에 갈지 말지를 생각하면 답은 금방 나온다. 신체검사에서 현역 판정을 받은 사람이 군대에 가지 않는다면 그가 받아야 할 불이익은 너무나 크기 때문이다. 입대하지 않으면 징역형을 살아야 하고 전과자라는 낙인이 찍히면 취업이나 사회 생활에서 실질적인 불이익을 받을 뿐 아니라 사회의 따가운 눈초리를 받아야 한다.

그런데 그 모든 불이익을 감수하고 군대에 가기를 거부하는 사람들도 있다. 단순히 군대에 가기 싫어서가 아니라 종교적인 양심이나 평화에 대한 신념 때문에 군대를 거부하는, 양심에 따른 병역거부자들이 그들이다. 자료에 따르면, 한국에서는 매년 약 700명의 젊은이가 총을 들기를 거부한다는 이유로 감옥에 갇히고 있고 해방 이후 지금까지 약 1만 명의 젊은이가 군대에 가지 않는다는 이유로 전과자가 되었다. 특히 병역거부자들을 가혹하게 처벌하는 경향은 박정희 정권 이후로 부쩍 심해졌다. 박정희 정권은 징집률 100퍼센트 달성이라는 목표를 정하고 어떠한 이유에서건 군대 입영을 거부할 경우 법정 최고형인 3년형을 구형했다.

이 많은 청년들의 감옥행

전세계적으로 징병제를 실시하는 국가는 70개국이다. 이 중 대체복무를 인정하지 않는 국가는 40개국이며, 실제로 병역거부자들을 처벌하는 국가는 6개국이다.

양심에 따른 병역거부자들과 그 후원자들의 모임인 〈전쟁 없는 세상 www.withoutwar.org〉의 통계에 따르면 2007년 10월 15일을 기준으로 양심에 따른 병역거부자로서 징역을 살고 있는 양심수의 수는 764명이다. 병역거부를 선언하는 이들에게는 대부분 1년 6개월 형이 선고되는데, 그나마 기본 3년형이었던 과거보다는 나아진 상황이라고 한다.

양심에 따른 병역거부자들이 총을 들지 않으려는 이유는 분명하다. 대표적으로 '여호와의 증인'이라는 기독교의 한 교파는 성경의 교리에 따라 총을 들기를 거부한다. 사람을 사랑하고 살인을 하지 말라는 예수님의 말씀에 따르자면 총을 들 수 없기 때문이다. 그래서 이들은 군대에 가는 대신 감옥행을 택해 왔고, 그 결과 이 교파에 소속된 남성들 대부분이 전과자로 젊은 날을 시작해야 했다(역설적이지만 이들은 평화의 신념을 따르기 때문에 교도소에서 인정받는 모범수라고 한다). 평화를 사랑하는 종교를 믿는 남성 신도들 대부분이 전과 경력을 가지고 있다니 이 얼마나 이해 못할 일인가. 한국에서는 전과자가 회사에 취직하기란 거의 불가능하기 때문에 이들은 복역 후에도 정상적인 사회 생활을 하지 못했고 가족을 꾸리기도 어려웠다.

이들의 고초는 군대 대신 감옥에 가는 것으로 끝나지 않았다. 왜냐하면 감옥에 다녀왔다고 예비군 훈련을 면제받는 것은 아니기 때문이다. 이들은 예비군 훈련에서도 총을 들기를 거부했고, 그에 따른 많은 벌금에 시달리며 계속 처벌을 받았다. 똑같은 이유로 반복해서 처벌을 받는 불합리한 상황이 이어졌다.

여호와의 증인만이 아니라 제칠안식일예수재림교 같은 교파도 총을 들기를 거부한 바 있고, 2001년 12월에는 불교신자인 오태양이 평화를 강조하는 불교의 교리에 따라 총을 들지 않겠다고 선언했다. 기독교뿐 아니라 거의 모든 종교가 평화와 사랑의 원리를 강조하기 때문에 사실상 종교인들의 양심에 따른 병역거부는 자연스러운 일이다. 다만 병역을 거부할 경우 개인이 치러야 할 대가가 너무 크기 때문에 실제로 병역을 거부하는 종교인들이 많지 않았을 뿐이다. 하지만 최근 병역을 거부하는 사례는 계속 늘어나고 있다.

종교적인 이유만이 아니라 전쟁보다 평화를 택하겠다는 신념 때문에 병역거부를 선언하는 사람들의 수도 늘고 있다. 평화를 사랑하고 폭력과 전쟁을 반대하며 차별을 철폐하겠다는 신념은 종교만큼 강력한 것이기에 신념에 따른 병역거부자의 수도 조금씩 늘어나고 있다.

2002년에는 민주노동당 당원인 유호근이 '전쟁 반대, 평화주의' 신념을 이유로 병역거부를 선언했다. 그리고 경기도 평택시 둔문초등학교의 교사 김훈태도 평화를 지향하는 자신의 신념을 포기할 수 없고, 교사로서 자신의 신념에 어긋나는 바를 아이들에게 가르칠 수 없다는 이유로 입영을 거부했다. 그는 "평화에 대한 신념대로 비무장지대 대인지뢰 제거도 할 의지가 있다"라며 자신의 신념을 밝혔다. 교육의 근본 목적은 평화를 실현하는 데 있기 때문에 총을 들지 않는 다른 방법으로 사회의 평화에 봉사하고 싶다는 것이 그의 바람이었다. 하지만 다른 사람들처럼 이들의 바람도 무시되었고 두 사람 모두 감옥에 갇혔다.

장애인권운동을 하는 문상현은 건강한 신체를 가진 성인 남성을 우대하고 사회적 약자를 차별하는 사회 질서에 반대한다는 이유로 '비장애인 병역거부자'의 삶을 택했다. 문상현은 "여성과 장애인을 비롯한 노약자들에게 또 하나의 구조화된 폭력으로 존재하는 정상성과 비정상성에 대한 신체적, 정신적 기준으로 군대가 작용합니다"라며 병역거부의 이유를 밝혔고 역시 감옥에 갇혔다.

동성애자나 성을 바꾼 트랜스젠더 등 성적 소수자들도 일방적으로 남성성을 강요하는 폭력적인 문화에 맞서 병역거부를 선언하고 있다. 예를 들어 2006년 3월에 현역 전투경찰인 유정민석이 병역거부를 선언했다. 유정민석은 입대 후 도봉경찰서에 배치받고 군복무를 해오다 자신이 동성애자임을 밝히면서 병역거부를 선언했다. 유정민석은 "겁이 많고 남을 죽이는 연습을 해야 하는 시뮬레이션의 군사 훈련조차 벌컥 손부터 떨리는, 아직은 사람들에게 낯설게 느껴지는 부류의 '사내자식이 계집애 같다'는 그러한 '성적 소수자'로서 바라보았던 남성화된 병영문화의 병폐와 호전적이고 공격적인 남성성을 재생산하는, 군대라는 '진짜 남자'가 되기 위한 통과 의례를 거부할까 합니다"라며 그 거부의 이유를 공개적으로 밝혔다. 이처럼 신념에 따른 병역거부자들은 공개적으로 당당하게 자신이 총을 들 수 없는 이유를 밝히고 기꺼이 그에 대한 책임을 진다.

양심에 따른 병역거부와 신념에 따른 병역거부에는 차이점이 있지만 동시에 공통점도 있다. 양심수, 양심 선언이라는 말이 있듯이, 한국 사회에서 양심이라는 말은 단순히 개인의 가치나 신념을 고집한다는 의미만 갖고 있는 것은 아니다. 오히려 양심은 기성 질서에 대항해서 자신의 가치나 신념을 고집하는 것을 뜻한다. 따라서 양심에 따른 병역거부 역시 병역을 기피하려는 개인의 선택으로 해석되어서는 안 된다. 대신 우리 사회의 구조적인 문제를 변화시키려는 노력으로 받아들여야 하고, 그런 점에서 양심은 신념과 맞닿아 있다.

나는 그들과 싸울 이유가 없다

감옥에 가고 전과자로 낙인찍히는 엄청난 불이익을 받는데도 왜 이들은 병역거부를 선언할까? 평생 총을 드는 것도 아니고 2년만 총을 들면 그런 불이익을 당하지 않을 수도 있는데…. 그들이 병역거부를 선언하는 이유는 아마도 자신의 본모습을 지키기 위해서일 것이다. 한 유대교 랍비가 이런 말을 남겼다. "사람이 없는 곳에서 너 자신이 사람이 되어라." 불이익을 받지 않기 위해 잠깐 동안 눈을 질끈 감고 총을 든다면, 무엇 때문에 내 양심과 신념을 어기고 총을 들었는지, 다른 사람은 몰라도 나는 안다. 단 한 번이더라도 내 양심과 신념을 거슬렀다는 사실은 변하지 않는다. 그것은 어쩌면 평생을 따라다니며 나 자신을 괴롭힐지도 모른다. 한번 무너진 양심과 신념은 쉽게 회복되지 않기 때문이다. 그러므로

군대가 없으면 나라가 망할까?

내가 원하는 삶을 살기 위해, 내가 믿는 양심과 신념을 지키는 것은 매우 소중한 일이다. 『총을 들지 않는 사람들』(철수와 영희, 2008)에서 이들의 목소리를 직접 들을 수 있다.

그렇게 소중한 것이기에 이들은 감옥에서 나온 뒤에도 여전히 자신의 신념을 지키며 살고 있다. 오태양은 고통을 없애고 평화를 실현하기 위해 인도에서 가난한 사람들과 함께 생활했고, 지금은 정토회에서 일하고 있다. 유호근도 출옥 후 서울의 가난한 주민들과 함께 생활하고 있다. 양심에 따른 병역거부로 수감되었던 사람들 대부분이 자신의 신념대로 낮은 곳에서 고통받는 사람들과 함께 작은 희망을 만들고 있다.

이처럼 자신의 믿음과 신념을 지키는 데 젊음을 거는 것은 처벌을 받아야 할 범죄가 아니라 보호받아야 할 소중한 행위가 아닐까? 하지만 우리 사회는 이런 소중한 젊은이들을 처벌하고 벼랑 끝으로 내몰고 있다.

최근에는 현역으로 군대에 입대했다가 병역거부를 선언하는 사람들도 등장하고 있다. 육군 일병 강철민은 제 발로 입대했지만 현역병으로 복무하던 중 한국군 이라크 파병에 반대하며 휴가를 나온 뒤에 부대 복귀를 거부했다. 그는 "자국의 군대가 자국의 국토와 자국의 국민을 보호하는 것 외에 침략전쟁의 도구로 쓰인다면 그것은 어느 누가 보아도 틀린 결정이라고 생각된다"라고 복귀 거부 이유를 밝혔다. 강철민은 "파병이 철회될 때까지 어떠한 병역의무도 거부한다"라고 밝히며 한국 사회에서 '선택적 병역거부'의 문을 열었다. 선택적 병역거부는 군입대나 총을 드는 것 자체를 거부하지 않지만 침략전쟁이나 핵전쟁 등 특정한 형태의 전쟁에 개입하기를 거부하는 것을 뜻한다.

2007년 10월에는 훈련소에 입소한 오승록이 훈련을 받다가 병역거부를 선언했다. 오승록은 군대 자체를 거부하지 않고 대체복무를 요구했다. 오승록은 "이젠 우리의 한국 사회도 일제강점, 동족상잔, 과거의 독재 등의 트라우마로 인해 위협과 안보의 논리만으로 다양성을 인정하지 못하는 것은 개선해서 성숙해 나가야 한다고 봅니다"라고 밝히며 평화적인 일을 맡고 싶다는 생각을 밝혔다.

이처럼 군입대나 군대 자체를 부정하지 않지만, 국토방어 이외의 파병이나 침공과 같은 특정한 군사 활동을 거부한다는 점에서 이들은 종교적 양심이나 정치적 신념에 따른 병역거부자들과 차이점을 가진다. 하지만 자신의 양심과 신념을 지키기 위해서라면 어떠한 불이익이라도 감수하려 한다는 공통점도 가지고 있다.

사회의 무관심 속에도 2002년 2월에 30여 개 시민사회단체들로 구성된 〈양심에 따른 병역거부권 실현과 대체복무제도 개선을 위한 연대회의〉는 병역거부자들의 인권을 보호하는 활동을 시작했다. 그리고 2003년 5월 15일 세계병역거부자의 날에는 〈전쟁 없는 세상World without War〉이라는 단체가 결성되어 양심에 따른 병역거부자들을 지지하며 돕고 있다.

이런 움직임이 한국만의 독특한 현상은 아니다. 개인의 양심과 사상의 자유를 보장하는 대부분의 나라들은 양심에 따른 병역거부를 인정한다. 물론 처음부터 인정된 경우도 있지만 뜨거운 사회적 논쟁을 거치면서 자리를 잡게 된 경우도 있다.

대표적으로 '나비처럼 날아서 벌처럼 쏜다'라는 명언을 남기며 권투계의 전설로 불렸던 미국의 무하마드 알리Muhammad Ali가 있다. 그는 "베트남 사람들은 나에게 조금도 해를 끼치지 않았다. 내가 그들과 싸울 이유가

군대가 없으면 나라가 망할까?

내가 왜 그들과 싸워야 하는가?

무하마드 알리는 베트남전 참전을 거부하고 4년 가까이 감옥 생활을 했다. 그는 "나는 베트남 사람들과 다툴 일이 없다"라고 공공연하게 밝히며 병역거부의 뜻을 분명하게 밝혔다. 그러나 법원에서는 그의 의사가 받아들여지지 않았고, 권투 관련 단체에서 선수 자격을 박탈당하기에 이르렀으며, 당연히 대중도 그에게 열광하지 않았다. 그러다가 1971년, 첫 유죄 평결이 내려진 지 3년 만에 미국연방대법원은 알리에 대한 유죄 판결을 뒤집었다.

"…도대체 왜 그들은 나에게 제복을 입히고, 고향에서 1만 마일이나 날아가서 갈색 피부의 베트남 사람들을 향해 폭탄과 총알을 퍼부으라고 한단 말입니까? 가지 않겠습니다. 또 하나의 가난한 민족을 살해하고 불태워 죽임으로써 전세계 유색인종을 지배하려는 백인 노예주를 돕기 위해 1만 마일이나 날아가지는 않겠습니다."

— 마이크 마커시 『알리, 아메리카를 쏘다』(당대, 2003) 중에서 인용

없다"라며 참전을 거부했다. 이 사건으로 알리는 챔피언 자리를 박탈당하고 한동안 권투 시합에 참여하지 못하는 혹독한 시련을 겪기도 했다. 하지만 그는 무고한 베트남 사람들을 죽이지 않아도 되었고 병역거부의 정당성을 전세계에 알리는 중요한 역할을 했다.

지금까지 한국에서 병역거부를 선언한 사람들은 모두 감옥에 수감되었다. 하지만 병역거부자의 처우 문제가 나라 밖으로 꾸준히 알려지면서, 수감자 숫자가 세계 1위라는 점도 확인되었다. 양심에 따른 병역거부를 인정하지 않더라도 병역거부자를 실제로 감옥에 보내는 나라는 전세계에서 르완다, 앙골라, 터키, 싱가포르 등을 포함한 6개국에 지나지 않고, 이들 나라의 병역거부자를 모두 합쳐도 300여 명에 지나지 않는다(박경태, 2007). 그에 비해 한국의 병역거부자들은 매년 700명으로 세계 1위이다.

앞으로도 병역거부자의 수가 계속 늘어날 것으로 예상되자 2007년 9월에 국방부는 양심에 따른 병역거부자들에게 대체복무를 인정하는 쪽으로 정책을 바꿨다. 국방부가 마련한 대체복무제도는 현역대상자, 보충역 대상자 중에서 종교적 사유로 대체복무를 희망하는 이들이 소록도 한센병원, 마산 결핵병원, 서울, 나주, 공주 등의 정신병원 등 특수병원 9개소와 전국 200여 노인전문요양시설 등에서 현역병의 두 배인 36개월간 복무한다는 내용이다. 하지만 여전히 신념에 따른 대체복무는 인정되지 않고 있고, 대체복무의 형식과 기간에 관한 논쟁도 계속되고 있다. 하지만 이명박 정부가 들어서고 난 뒤 국방부는 이 소극적인 제도마저 시행하지 않으려 하고 있다.

병역거부는 병역기피와 다르다

대한민국 헌법은 개인의 신체와 사상, 양심의 자유를 보장한다. 헌법 제
12조는 "모든 국민은 신체의 자유를 가진다"라며 국가 권력이 개인의 동
의 없이 그 사람의 신체를 구속할 수 없다는 점을 밝힌다. 그리고 헌법
제19조는 "모든 국민은 양심의 자유를 가진다"라며 양심의 자유를 존중
하고 있다. 그런데 헌법은 제37조 2항에서 "국민의 모든 자유와 권리는
국가안전보장·질서유지 또는 공공복리를 위하여 필요한 경우에 한하여
법률로써 제한할 수 있으며, 제한하는 경우에도 자유와 권리의 본질적인
내용을 침해할 수 없다"라며 국민의 자유를 제약할 수 있다는 조항도 함
께 두고 있다.

따라서 제12조와 제19조에 따르면 개인은 군대에 가지 않을 자유를 가
진다. 하지만 제37조는 공동체 전체의 발전과 복지, 질서를 위해 그런 개
인의 자유를 제한하고 개인을 징집할 수 있다고 말한다. 이렇게 헌법이
자유의 보장과 자유를 제한하는 요건을 모두 규정하고 있기 때문에 어느
한쪽이 무조건 옳다고 얘기하기 어렵다.

하지만 조금 더 깊이 생각해 보면 두 가지 규정이 서로 충돌하지 않는다는 점을 알 수 있다. 왜냐하면 개인의 자유를 제한하는 경우는 그 자유가 다른 사람의 이익이나 생명을 위협할 때이기 때문이다. 즉 개인의 자유가 공익이나 국익을 거스르지 않는다면 그 자유를 제한할 이유가 없다. 그리고 헌법은 국방의 의무를 규정하고 있지만 구체적으로 누가 어떤 방식으로 국방의 의무를 져야 하는가에 관해서는 정하지 않고 있다.

따라서 병역거부를 무조건 비난하는 대신 그것이 정녕 공동체의 발전이나 복지, 질서를 해치는가를 세밀하게 따져 봐야 한다. 진정 병역거부는 공익이나 국익을 거스르는가?

영어로는 병역거부를 conscientious objection to military service라고 표현한다. 이 말에서 드러나듯이 병역거부는 병역을 그냥 반대하는 것이 아니라, 반대의 근거를 가지고 있다. 그것은 개인의 이익이 아니라 양심이다. 내 뜻과 마음이 총을 들고 남을 해치는 훈련을 받아들일 수 없기 때문에 거기에 이의를 제기하고 반대하는 것이다. 총을 들기를 거부하는 여호와의 증인 신도들은 마태복음의 "예수께서 이르시되 네 검을 도로 집에 꽂으라, 검을 가지는 자는 다 검으로 망하느니라"라는 말을, 그리고 요한복음의 "새 계명을 너희에게 주노니 서로 사랑하라, 내가 너희를 사랑한 것 같이 너희도 서로 사랑하라, 너희가 서로 사랑하면 이로써 모든 사람이 너희가 내 제자인 줄 알리라"라는 말씀을 충실히 따르고자 한다. 그렇다고 이들이 무조건 병역을 피하려 하는 것은 아니다. 다만 신의 말씀에 따라 자신의 양심을 지킬 수 있는 평화로운 방식으로 병역을 대체하길 원한다. 즉 병역거부는 국방의 의무를 따르지 않겠다는 의미가 아

군대가 없으면 나라가 망할까?

니라 다른 형태로 국방의 의무를 다하게 해달라는 호소이다. 그런 점에서 병역거부는 병역기피와 분명하게 구분되어야 한다. 정말 심각한 문제는 병역거부가 아니라 병역기피이기 때문이다.

비난의 화살은 잘못된 방향을 향해 있다

2005년에 국적 포기 문제로 나라가 시끌벅적했다. 법무부에 따르면, 병역기피를 목적으로 한 국적 포기를 불가능하게 만든 새 국적법 시행을 앞두고 국내외에서 1,820명이 국적을 포기했다고 한다. 재미있는 것은 국적을 포기한 사람들의 지위이다. 전前 국방장관, 외무장관, 대학총장의 손자가 국적을 포기했고, 서울·경기 지역이 전체 국적 포기자의 90퍼센트 이상을 차지했다. 그중에서도 소위 강남권이 40퍼센트 이상을, 그리고 대한민국 최고 부자들이 모여 산다는 강남구 도곡동 타워팰리스에 사는 사람들이 단일 주소지 중에서 가장 많이 국적을 포기했다.

여기서 드러나듯 국적을 포기하는 사람들이 한국에서 부와 권력을 장악한 사람들이라는 점, 그리고 그들의 부와 권력이 대한민국에서 만들어지고 대한민국을 필요로 한다는 점에서, 그들의 모습은 자유를 넘어선 '짓'이다. 그런 의미에서 정작 단죄를 받아야 할 사람들은 양심에 따른 병역거부자들이 아니라 이 땅에 살면서도 병역을 피하기 위해 국적마저 포기하는 자들이다.

얼마나 부끄러운 짓인가? 병역기피를 위해 자신의 국적마저 포기하겠다니…. 그리고 그렇게 자기 삶에 자신감을 가지지 못한 이들이 이 나라를 움직이는 사회의 지도층이라니….

그 옛날 젊은이들을 현혹하고 신을 부정했다는 이유로 사형을 선고받았던 아테네의 철학자 소크라테스^{Socrates}는 탈옥해서 아테네를 떠나라는 친구의 제안을 거부하면서 "탈주를 계획하는 것은 가장 비천한 노예나 할 짓이라네"라고 말하며 스스로 죽음을 택했다. 공동체가 자신에게 불이익을 줬다고 떠나 버린다면 자신이 나고 자란 공동체를 배신하는 일이라고 생각했던 것이다.

이렇게 자유는 책임과 맞닿아 있는데도 권력이나 돈을 가진 사람들은 국적을 쉽게 포기한다. 그들이 무책임할 수 있는 것은 그런 짓을 저지르더라도 기득권을 유지하는 데 특별한 어려움이 없다고 확신하기 때문이다. 따라서 자유를 제한받아야 할 사람들은 평화를 선택하는 사람들이 아니라 공동체의 의무를 피하며 나라를 좀먹는 사람들이다.

양심에 따른 병역거부는 이런 병역기피와 완전히 다르다. 양심에 따른 병역거부자들은 군대를 피하기 위해 어깨를 빼거나 무릎을 망가뜨리는 방법을 쓰지 않는다. 아는 공무원이나 군인에게 뇌물을 주고 청탁하지도 않는다. 오히려 자신이 왜 군대에 갈 수 없는지를 공개적으로 당당히(!) 밝히고, 다른 형태로 병역을 수행할 수 있게 해달라고 요청한다. 따라서 암암리에 뇌물을 주거나 몸을 망가뜨려서 군대를 피하려는 병역기피자들과 완전히 다른 사람들이다.

물론 '거부'라는 말이 부정적인 느낌을 주는 것이 사실이다. 하지만 병역거부의 목적은 공적인 의무를 기피하는 데 있지 않다. 그것은 오히려 적극적으로 자신의 신념을 지키겠다는 능동적인 의지의 표현이다. 재미있는 예를 들어 보자. 1939년 한국이 일본의 식민지였을 때 일본에 살던

소크라테스는 악법을 위해 죽지 않았다

2008년 미국 소고기 수입 반대 집회를 반대하는 주장에서 그 근거로 꼭 한 번씩은 인용되곤 하던 말이 있다. 바로 소크라테스가 독배를 마시기 전에 했다고 '여겨지는' "악법도 법이다"라는 말이다. 그러나 소크라테스가 그런 말을 했다는 정황 증거는 어디에도 없다. 다만 탈옥을 권한 크리톤에게 자신은 국법을 반대할 수 없으며, 국법을 어기기 위해 옳지 못한 일을 하지 않겠다는 의지를 밝혔을 뿐이다. 이를 무조건 법을 지켜야 한다는 의미로 해석하는 것은 오해에 가깝다. 소크라테스는 법 자체를 위해 독배를 마신 것이 아니라, 자신을 심판한 아테네 시민과 아테네 시민의 스승을 자처했던 자기 자신에 대해 책임지기 위해 죽음을 택한 것이다. 그림은 자크 데이비드Jacques Louis David의 〈소크라테스의 죽음The Death of Socrates, 1787〉이다.

여호와의 증인들이 병역을 거부해 체포되면서 한국과 대만에 있던 여호와의 증인들도 함께 체포되었다. 한국에서는 총 33명의 신도들이 체포되었는데, 당시 한국인들에게는 병역의무가 없었기 때문에 이들은 병역법 위반이 아닌 전쟁에 반대하는 사상을 유포하고 신사참배를 거부한다는 명목으로 체포되었고 치안유지법 위반, 불경죄로 유죄 판결을 받았다. 가혹한 처벌을 받으면서도 이들은 목숨을 걸고 자신의 신앙을 지켰고 그 때문에 감옥에서 목숨을 잃기도 했다. 이 일은 '등대사燈臺社 사건'이라 불렸고 정부가 펴낸 독립운동사에 항일운동으로 기록되어 있다.

하지만 해방 이후 대한민국이 수립되고 징병제가 실시되면서 여호와의 증인들은 강제로 징집되어 총을 들라는 명령을 받았다. 이들은 일제시대에 그랬던 것처럼 총을 들지 않겠다고 선언했고, 항명죄로 감옥에 수감되었다. 이들로서는 예전과 똑같은 마음을 지켰을 뿐인데, 일제시대에는 항일운동으로 찬양받았고, 해방 이후에는 정부에 반항하는 항명운동으로 처벌을 받고 있다. 이 얼마나 아이러니한가?

믿음을 해석하는 사회의 상황이 달랐을 뿐 그들의 뜻은 한결같았다. 등대사 사건에서 드러나듯이 양심에 따른 병역거부는 내게 이로운 것만 선택하려는 이기적인 행동이 아니다. 오히려 바르고 정의로운 것을 택하겠다는 강한 신념, 어떠한 상황에서도 그 믿음을 지키겠다는 강한 의지를 담은 행동이다. 어떤 고초를 겪더라도 평화를 따르려는 이들의 병역거부는 비겁한 도피나 회피가 아니라 자기 의지의 적극적인 실현이다.

어떤 이들은 '양심'이라는 말 때문에 거부감을 가지기도 한다. 양심에 따른 병역거부를 인정하면, 마치 군대에 간 이들이 모두 비양심적인 사람들처럼 느껴진다는 것이다. 하지만 그런 주장 역시 잘못되었다. 군대에 간 사람들은 총을 들고 나라를 지키는 것이 옳다는 자기 양심을 따르는 것이다. 마찬가지로 군대를 거부하는 사람들도 그 나름의 판단과 양심에 따라 행동한 것이다. 사람은 누구나 자기 양심을 지킬 권리가 있다.

거부냐 지지냐, 어느 한쪽의 양심이 절대적으로 옳다고 선언할 수는 없다. 절대적인 올바름을 판단하는 능력은 인간이 아니라 신의 것이다. 군대에 가는 사람들의 양심은 총을 들고 국민의 안전과 평화를 지키는 것에, 병역을 거부하는 사람들의 양심은 다른 형태로 국민의 안전과 나라를 지키는 데 있다. 양심에 따른 병역거부는 특정한 양심만을 존중하자는 것이 아니라 모든 양심을 존중하자는 보편적인 행위이다.

주권자에게 절대적인 권력을 부여했던 영국의 사상가 토마스 홉스T. Hobbes 조차도 『리바이어던』에서 "국민은 스스로 원하지 않는 한 전투에 참여할 의무가 없다. 적과 싸우라는 명령을 받은 사람은, 주권자가 그것을 거부할 경우 사형에 처할 권리를 가지고 있다 하더라도 자기 대신 충분한 능력을 가진 다른 병사로 대체할 경우 부정을 저지르지 않고 병역을 거부할 수 있다"라며 병역을 거부할 권리를 인정한 바 있다.

그렇다면 양심에 따른 병역거부나 대체복무를 인정하지 않는 이유는 무엇일까?

누가, 왜
병역거부권을 반대하는가?

그동안 국방부는 병역거부를 인정하라는 요구를 강력하게 비판해 왔다.
국방부는 2002년 3월 19일자 「국방일보」에서 병역거부권을 인정할 수
없는 이유를 다음과 같이 밝혔다(안경환·장복희, 2002).

첫째, 한국은 세계 유일의 분단국가인데, 만약 병역거부를 인정하면 국가의
안전보장에 필요한 병력을 유지할 수 없다.

둘째, 헌법이 모든 국민에게 국방의 의무를 부과하고 있으므로 특정 종교를
믿는 사람에게 병역거부권을 주는 것은 역차별을 초래하고 헌법정신을 어긴
다.

셋째, 국가를 사탄으로 간주하거나 국가의 존재 자체를 부인하며 국기에 대
한 경례나 애국가를 거부하는 종교의 교리는 자유민주주의 국가의 민주적 기
본질서를 깨트리는 행위이다.

그리고 국방부는 대체복무제도를 허용할 수 없는 이유로 다음의 여섯 가
지 이유를 들었다.

첫째, 병역법상 공공근로요원이나 산업기능요원으로 일하는 보충역들은 대

체복무로 볼 수 있는데, 병역거부자들은 보충역들이 받는 기본적인 기초군사훈련과 예비군훈련마저도 거부하기 때문에 병역을 면제해 달라는 것과 다를 바 없다.

둘째, 한국은 모든 국민이 군대에 가는 국민개병주의國民皆兵主義를 취하고 있는데, 이렇게 모든 군사적 임무를 면제하는 대체복무제도는 현역이나 보충역으로 복무하는 사람들과 비교할 때 형평성에서 차이가 난다.

셋째, 특정 종교의 신도이거나 그 신념에 투철하다는 점을 가려낼 수 있는 심사의 기준이 없다. 신도임을 어떻게 증명할 것이며 만일 심사에서 탈락한 사람들이 반발하면 어떻게 할 것인가?

넷째, 대체복무를 허용하면 병역거부 움직임이 더욱 확산될 우려가 있다.

다섯째, 병역거부 운동이 확산되면 무명고지의 참호 속에서, 망망대해의 함상에서, 길고 긴 활주로에서 묵묵히 맡은 바 임무를 수행하는 현역병들의 사기를 저하시킨다.

여섯째, 안보환경이 다른 국가들과 단순 비교하는 것은 의미가 없다.

그런데 이 근거들을 하나씩 따져 보면 국방부 입장의 모순이 드러난다. 먼저 병역거부권을 인정할 수 없는 세 가지 이유를 살펴보자.

첫째, 많은 병력을 유지하는 것이 과연 현대의 전쟁에서 승패를 좌우하는 중요한 기준일까? 그리고 총을 들 수 없는 사람들을 강제로 군대에 보내는 것이 정녕 국방에 도움이 될까? 많은 병력보다 체계적인 병력 운용이, 강제적인 동원보다 자발적인 참여가 중요하게 여겨지는 시대이다. 분단국가라고 예외일 수는 없다. 더구나 양심에 따른 병역거부자들은 국방의 의무를 거부하는 것이 아니라 다른 형태로 나라에 공헌하기를 원하는 것뿐이다.

둘째, 앞에서 살펴봤듯이 모든 국민에게 국방의 의무를 부과한다는 헌법의 원리는 여성과 특정 남성을 배제한다는 점에서 평등권을 침해하는 모순을 이미 가지고 있다. 현역만이 아니라 보충역을 둔다는 점에도 역차별의 가능성이 있다. 양심에 따른 병역거부자들에게만 엄격하게 평등의 원리를 적용할 이유가 없다.

셋째, 국기에 대한 경례를 하지 않거나 애국가를 부르지 않는다고 민주적 질서가 깨질까? 만일 그런 의식이 국가에 반드시 필요하다면 왜 우리는 일본 국민이 일장기에 경례하며 기미가요를 부르고 군대를 만들려는 시도를 비판하는가? 양심에 따른 병역거부는 개인의 양심과 신념을 존중하는 자유민주주의를 강화시키면 시켰지 파괴하지 않는다.

세 가지 이유를 보면 국방부의 입장은 시대의 변화를 반영하지 않은 낡은 잣대임을 알 수 있다. 그런 낡은 근거로 젊은이들을 설득할 수 있을까?
대체복무제도를 허용하지 않겠다는 이유는 더욱더 궁색하다.

첫째, 국방부는 스스로 대체복무제도가 이미 실시되고 있다고 밝히고 있는데, 고작 4~6주간의 기초 훈련이나 제대 후 형식적으로 진행되는 예비군 훈련을 받지 않는다는 이유로 사람을 2~3년 동안 감옥에 가두는 것은 올바른가?
둘째, 이미 시행되고 있는 대체복무제도는 형평성을 위반하지 않는가?

기술자격증이나 대학원 학위를 가지고 있다고 해서 현역이 아니라 보충역으로 보내는 것이 더욱더 형평성을 위반하는 일이 아닐까?

셋째, 사람의 양심을 심사하겠다는 발상 자체가 우스운 일이 아닐까? 사람의 양심과 신념을 판단할 수 있는 존재는 오직 신뿐이다. 또한 대체복무를 지원하는 사람들의 숫자가 기하급수적으로 늘어날 이유도 없다. 사회에 꼭 필요하지만 어렵고 힘든 일이라 사람들이 꺼려하는 일이 대체복무에 부과되기 때문이다. 관점을 바꿔야 한다. 대체복무는 병역을 거부하는 게 아니라 다른 업무로 대체하겠다는 것이다. 군대에 가지 않으려고 자기 신앙을 버리고 다른 신앙을 택하거나, 다른 신앙이 있음을 가장한다면 다른 누구보다 그 자신이 부끄러울 것이다.

넷째, 병역거부란 자신의 양심과 신념에 따르는 것이고, 병역을 면제받겠다는 게 아니라 다른 방식으로 이행하겠다는 것인데 어떻게 그것이 병역거부의 확산을 가져온다고 주장할 수 있을까? 국방부는 양심에 따른 병역거부와 부정한 병역기피를 혼동하고 있다.

다섯째, 대체복무제도가 도입되면 이미 군대에 간 현역병들은 소외감을 느낄 수 있다. 하지만 그것은 제도를 도입할 때 나타나는 일시적인 문제이다. 일단 대체복무제도가 도입되면 그런 소외감은 사라지고, 강제 입영에 따른 사고가 줄어들어 현역 내의 분위기도 더 좋아질 수 있다.

여섯째, 안보환경이 다른 나라와 단순 비교하는 것은 분명 옳지 않다. 하지만 중국과 직접 대치하고 있는 대만에서도 이미 대체복무제도를 도입해서 운영하고 있다. 단순 비교도 좋지 않지만 다른 나라와의 비교를 무조건 거부하는 태도도 문제이다.

2007년 9월 대체복무제도를 검토하겠다고 밝힘으로써 사실상 국방부는 이런 근거를 스스로 뒤집었다. 국방부는 2008년 들어 다시 궁색한 이유를 대며 대체복무제도 도입을 망설이고 있다. 이렇게 입장이 바뀌는 것은 국방부의 논리가 권력에 따라 움직임을 증명한다.

대체복무제도를 반대하는 사람들은 국방부에만 있지 않다. 병역거부가 세상의 주목을 받고 대체복무제도가 마련될 조짐이 보이자 한국기독교총연합회(이하 한기총)를 비롯한 기독교계도 심하게 반발했다. 한기총은 국가인권위원회가 대체복무제도를 권고할 때부터 절대 반대의 입장을 밝혔다. 한기총의 입장은 다음과 같다.

거부권을 인정하는 것이 병역기피를 확산시키고 국민의 위화감을 조성해 국가 안보의 근간을 흔들 우려가 있다.
양심과 종교의 자유는 이를 보장할 국가가 있을 때에만 누릴 수 있는 권리이므로 종교인도 국가를 지키는 일에 예외일 수 없다.
국가를 사탄으로 보는 빗나간 종교적 신념에 따라 국민의 의무를 거부하는 자들에게 면죄부를 주면 안 된다.

이런 한기총의 입장은 국방부의 것과 그리 다를 바 없다. 하지만 여기에는 여호와의 증인을 이단으로 보고 그들에게 특혜를 줄 수 없다는 종교적인 관점이 깔려 있다. 잘 알려져 있지는 않지만 기독교의 병역거부도 오래전부터 있어 왔던 일이다. 한국 교회에 지대한 영향을 미친 존 스토트 목사나 대천덕 신부 또한 병역거부자였다. 양심에 따른 병역거부는 '이단'들이나 하는 행동이 아닌 것이다. 게다가 한국에는 8만 명 정도의 여호와의 증인이 있다. 만일 이를 이단이라 규정하고 종교적 신념을 형사 처벌하려 든다면 이는 과거의 '종교전쟁'을 다시 벌이자는 주장이다. 종교적인 신앙만이 아니라 평화주의 신념을 따르는 병역거부자도 늘어나고 있는 상황에서 특정 종교 때문에 대체복무제도를 도입하면 안 된다는 주장은 억지이다.

예술가들은 외친다
전쟁, 그것은 최악이다!

Francisco de Goya

프란시스코 고야 Francisco de Goya 〈전쟁의 참상 The Disasters of War, 1810∼1820〉 동판화 연작 중 〈Tampoco〉

전쟁에 눈감는 것은 예술가의 양심이 아니다

마크 트웨인이나 조지 오웰 같은 인물에서 느껴지듯이 모두가 현실에서 눈을 돌리고 침묵할 때도 예술가들은 시대의 어둠과 고통을 자신의 몸과 마음으로 체험했다. 그러면서 시대의 보편적인 아픔이 개인의 고통을 거쳐 시와 소설의 언어로 표현되었다. 작가만이 아니라 그림을 그리거나 사진을 찍는 예술가들도 그 체험을 다양한 형태로 표현했다. 박홍규의 『총칼을 거두고 평화를 그려라』(아트북스, 2003)에는 그런 화가들의 작품과 삶이 기록되어 있다.

17세기 프랑스의 화가 자크 칼로Jacques Callot는 〈전쟁의 참화〉라는 연속된 동판화에서 전쟁의 고통을 상세하게 묘사했다. 전쟁이 불러온 약탈과 피괴, 고문, 교수형 등 갖가지 비참한 정경이 그림에 고스란히 담겨 있다. 인형처럼 나무에 목 매달린 사람들의 모습은 전쟁이 무엇인가를 증명한다.

18세기 스페인의 화가 고야Francisco de Goya도 〈전쟁의 참화〉라는 85점의 연작 그림에서 전쟁의 고통을 묘사했다. 특히 고야는 학살자와 학살을 당하는 사람들을 대비시켜서 민중의 두려움과 증오를 드러냈다. "이것은 고약하다", "이것은 최악이다", "도저히 바라볼 수 없다"와 같은 그림의 제목들 자체가 전쟁에 대한 고야의 시선을 잘 드러낸다.

(왼쪽)프란시스코 고야 Francisco de Goya 〈전쟁의 참상 The Disasters of War, 1810~1820〉
동판화 연작 중 〈이것은 고약하다 This is bad〉
(오른쪽)고야의 같은 동판화 연작 중 〈공멸 The same〉

19세기 후반 독일의 여류 화가 콜비츠Käthe Kollwitz는 여성과 어머니의 관점에서 전쟁을 비판했다. 콜비츠가 그린 〈전쟁은 이제 그만!〉이라는 유명한 작품은 요즘 전쟁을 반대하는 집회들에서도 심심찮게 찾을 수 있다. 세계적인 화가 피카소Pablo Picasso도 〈게르니카〉라는 그림으로 전쟁의 절규를 담아냈고, 한국전쟁의 학살현장을 묘사한 〈한반도의 학살〉을 발표하기도 했다. 화가만이 아니라 독일의 하트필드John Heartfield와 스페인의 카파Robert Capa는 사진작가로서 전쟁의 허무와 어두움을 담아냈다.

한국에서도 1970년대 김지하, 윤이상 등의 예술가들이 글과 음악으로, 그 마음을 담은 실천으로 박정희 정권에 도전했다. 그 이후 김지하는 동학을 이어받아 구상한 생명평화사상을 담은 글을 썼냈고, 작곡가 윤이상의 평화를 염원하는 마음은 윤이상 평화재단의 설립으로 이어졌다. 그리고 1980년대의 민중예술을 장식했던 이철수, 오윤, 최병수 등을 비롯한 미술가들과 백무산, 박노해 등의 작가들은 권력과 전쟁을 비판하며 억압적인 현실에 맞서 평화를 노래했다.

(왼쪽 위)
고야의 〈자화상Self Portrait, 1795〉
(오른쪽 위)
고야의 〈전쟁의 참상〉 동판화 연작 중
〈이것은 더 고약하다This is worse〉
(왼쪽 아래)
고야의 같은 동판화 연작 중
〈위대한 업적! 죽음으로!Great Deeds Against the Dead〉

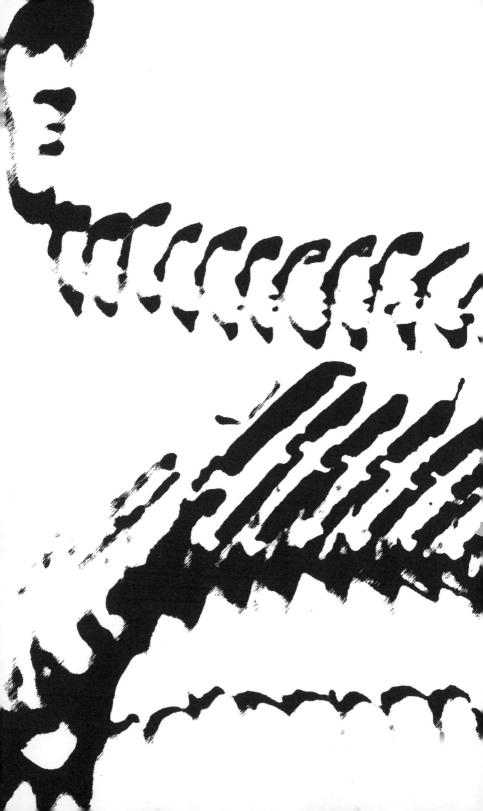

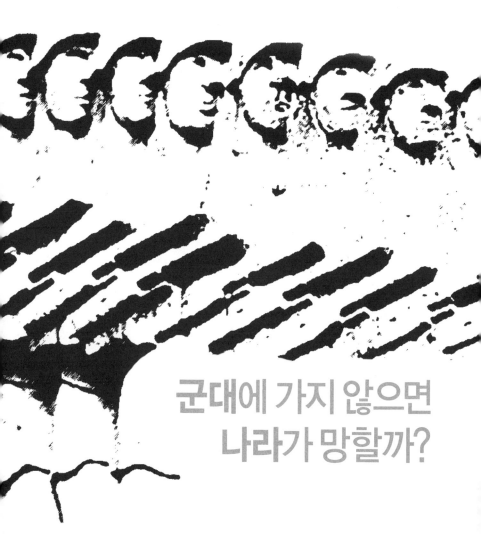

3

군대에 가지 않으면
나라가 망할까?

군대에 가지 않는 사람들이 늘어나면 나라가 망하지 않을까? 국가의 보호를 받으면서도 나라를 지키는 데 이바지하지 않는 것은 배신이 아닐까? 다른 형제들이 나라를 위해 피를 흘리는데 나만 전쟁터로 떠나지 않으려 하는 것은 비겁한 행동이 아닐까? 나쁜 적을 물리치지 않으면 나라와 전세계가 위험해질 수 있는데도 군대에 가지 않는 것은 결국 평화와 민주주의를 해치지 않을까?

군대나 전쟁과 관련된 얘기를 할 때면 우리의 머릿속에는 언제나 '최악의 시나리오'들이 떠오른다. 그런 점에서 우리는 예외 상태에서 정상적인 상태를 유추하는 이상한 습관을 가지고 있다. 최악의 상황은 그야말로 가장 나쁜 상황이기 때문에 정상적인 상태에서는 고려하지 않아도 된다. 물론 최악의 상황이 벌어질 수도 있지만 아직 발생하지 않은 나쁜 점만 보는 것도 옳지 않다.

최악의 상황은 최선의 상황을 선택하지 못하도록 막는 방해물일 뿐 아니라 최악을 정당화한다. 전쟁이라는 최악의 상황이 군대를 정당화하고, 군대의 존재는 아직 벌어지지 않은 전쟁을 현실로 받아들이게 하기 때문이다. 또한 정상적인 상태에서 전쟁이라는 예외 상태를 이미 내포하고 대비해야 한다고 믿게 만든다. 이런 논리에 따르면 전쟁은 돌발적인 상황이 아니라 평화로운 질서 속에 있기 때문에 애초에 평화란 실현될 수 없는 것이다. 그래서 평화가 불가능하기 때문에 더욱더 전쟁에 대비해야 하고 군대를 강화시켜야 한다는 악순환의 논리가 힘을 얻는다.

하지만 이런 주장은 자연스러운 것이 아니고 일종의 '학습효과'라고 할 수 있다. 국민 교육헌장을 외우고 국가의 역사를 배우면서 우리는 평화 속에 잠재된 전쟁을 대비해야 하고 전체를 위해 개인이 희생하는 것이 옳다고 여긴다.

이제는 그런 오해를 풀어야 한다.

강한 군대가 평화를 지킨다?

군대는 용감하지 않다

'겁쟁이 경기'라는 것이 있다. 이 경기에서는 서로 마주 보고 최고 속도로 차를 몰다가 먼저 핸들을 꺾어서 차를 돌리는 사람이 겁쟁이고, 나중에 꺾는 사람이 용기 있는 사람이다. 또는 기차가 달려오는 철로 위에서 가장 오랫동안 버티는 사람이 용기 있는 사람이고 먼저 기차를 피해 철로를 벗어나면 겁쟁이라고 불린다. 이 과정에서 겁쟁이가 된 사람은 공동체에서 왕따를 당하고, 용기 있는 사람은 칭송을 받는다.

목숨을 걸고 자신의 용기를 증명해야 하는 많은 일들이 있을 텐데, 이 경기는 자존심이나 승부욕 때문에 목숨을 위태롭게 한다. 겁쟁이라 불리는 것이 두려워 끝까지 버티다 정말 큰 사고가 일어나기도 하기 때문이다. 억지로 버티지 않고 먼저 핸들을 꺾거나 철로에서 벗어나는 사람은 자신의 목숨만이 아니라 다른 사람들의 목숨도 위험에서 구하는 셈이다. 그런 의미에서 이 경기를 거부하거나 먼저 포기하는 사람은 겁쟁이가 아니라 합리적인 사고방식을 가진 사려 깊은 사람일지도 모른다.

많은 학자들이 군비 경쟁을 이 겁쟁이 경기에 비유한다. 어느 나라든 먼저 군비 경쟁을 중단하고 평화를 외치면 좋겠지만, 대부분의 국가들은 그러지 못한다. 외려 상대방이 무기를 개발하면 나도 개발해야 하고 상대방이 군대를 늘리면 나도 늘려야 한다는 식이다. 그러니 갈수록 국방에 많은 돈을 쓰게 되고 나라 살림이 황폐해진다. 한때 미국과 대등했던 소련이 무너진 원인 중 하나는 이런 지나친 군비 경쟁이었다.

하지만 군대에 있어 비용만이 문제는 아니다. 과연 군대에 가지 않는 사람은 겁쟁이일까? 세계 최강의 군사력을 자랑하는 미국에서는 지원자만 군대에 가는 모병제를 실시한다. 미국에서는 군대에 가지 않는다고 비겁하다는 비난을 받지 않는다. 개인에게는 군대에 갈지 말지 결정할 권리가 있고, 군대에 가는 것 외에도 나라나 공동체에 봉사하는 여러 가지 방법이 있다고 여겨지기 때문이다. 미국인들은 오히려 모든 국민이 군대에 가는 것보다 군대에 가는 병사를 정당하게 대우하고 그들의 노동에 합당한 대가를 지불하는 것이 더 중요하다고 생각한다. 그러기 위해서는 각자 자신의 일터에서 열심히 일하고 세금을 꼬박꼬박 내는 것이 중요하다. 그리고 시간이 흐를수록 발달된 과학기술은 첨단무기를 생산해 내는데, 그런 고가의 장비는 일반 병사들이 사용하지 못한다. 그렇다 보니 보병으로 징병된 병사들은 전투훈련을 받기보다 몸으로 때우는 다른 일을 하는 데 더 많은 시간을 보낸다.

물론 모병제도를 실시했을 때도 문제점은 있다. 예를 들어 미국에서는 백인보다 아프리카계 미국인이 더 많이 군대에 입대한다. 1999년 현역으로 입대한 신병들 중 약 20퍼센트가 아프리카계 미국인이었는데, 사회에서 일하는 같은 연령대의 비율은 12.7퍼센트 수준이었다(찰머스 존슨,

군대는 계급을 반영한다

2003년 3월 30일자 「뉴욕타임스」는 '군대는 미국의 계급을 반영한다Military Mirrors a Working-Class America'라는 제목의 기사에서 다음과 같이 밝혔다. "지금까지 이라크 전쟁에서 사망이 확인된 28명의 군인 중 20명은 흑인, 5명은 백인, 3명은 히스패닉이었다(이는 전체 군인의 구성 비율과 거의 비슷하다). 그런데 이 중 한 사람만이 유복한 집안 출신이고, 해군사관학교 졸업생 한 명을 제외하면 겨우 한 사람이 최상류 대학 출신이었다. … 한편 백인이 군인의 5분의 3정도를 차지하는 현실 속에서 흑인, 특히 흑인 여성에게 군대는 매우 매력적인 유혹이 되어 가고 있다. 현재 군대에서 흑인 여성의 숫자는 백인 여성을 크게 압도한다."

2004). 이런 수치가 나온 이유는 백인보다 흑인이 사회에서 다른 일자리를 구하기 어렵기 때문이다. 미국의 예에서 나타나듯이 모병제를 실시하면 다른 일자리를 구할 수 없는 사람들이 주로 군대를 선택하게 될지도 모른다. 군인은 '위험한 직업'이기 때문에 할 수만 있다면 사람들이 군대를 피하려 할 수도 있기 때문이다. 그래서 공평하게 국방의 의무를 담당하게 하기 위해서는 징병제를 실시해야 한다고 주장하는 사람들도 있다.

하지만 군대에 가야 할 의무가 있는 만큼 내가 원하는 일자리를 선택하고 내 양심과 사상의 자유를 누릴 권리도 있다. 우리 헌법도 양심과 사상의 자유를 국민의 가장 기본적인 권리로 보장하고 있다. 그래서 때때로 국방의 의무와 국민의 자유권이 충돌하게 된다. 그동안은 북한과 대치하고 있다는 이유로 국민의 기본권이 제약을 받아 왔지만, 휴전협정이 평화협정으로 바뀌고 한반도에 평화가 정착된다면 지금처럼 대규모의 군대가 필요하지 않을 수 있다. 시대적인 상황이 변하면 국민의 의무도 그에 발맞춰 바뀌어야 한다.

중국이나 일본과 무력 충돌이 벌어질 수 있기 때문에 군대의 규모를 줄여서는 안 된다는 주장도 있다. 하지만 군대는 전쟁을 억제하기도 하는 반면, 전쟁을 부르기도 하는 역설적인 조직이다. 어느 한 나라가 열심히 군대의 규모를 늘리고 새로운 무기를 개발한다고 생각해 보자. 가령 일본이 자위대를 정규군으로 바꾸고 핵무장을 한다면? 주위에 있는 나라들은 자연히 불안해질 수밖에 없다. 그래서 군비 경쟁이 벌어지거나 한 나라가 너무 강해지는 것을 막으려는 전쟁이 터지기도 한다. 인류의 역사를 살펴보면 군대는 전쟁을 막기보다는 전쟁을 치르는 일에 더 많이 이용되었다. 강한 군대를 보유하는 것과 전쟁을 막는 것이 반드시 일치하지는 않는다.

또한 막강한 군대를 유지하려면 많은 비용이 든다. 우리나라의 경우 국방비는 국내총생산GDP의 약 2.8퍼센트를 차지한다. 미국은 세계에서 가장 많은 돈을 국방비에 쏟아 붓고 있고, 그 뒤를 영국, 프랑스, 일본, 중국이 쫓아가고 있다. 한국은 155억 달러를 지출해 10위권을 달리고 있다. 한 해 예산에서 국방비 비중이 높다는 것은 다른 분야에 쓸 예산이 줄어든다는 뜻이다. 그러므로 군대의 규모와 국방비를 줄인다면 다른 필요한 부문에 적절히 예산을 쓸 수 있고, 그래서 시민들이 행복해진다면 그만큼 애국심도 높아질 것이다. 제아무리 규모가 크고 훌륭한 장비로 무장했다 해도 애국심이 없는 군대는 약할 수밖에 없다. 오히려 애국심으로 충만한 시민들이 외국의 침략에 맞서 더 열심히 저항하지 않을까?(제2차 세계대전 당시 프랑스는 공식적으로 패전했지만 시민들이 자율적으로 조직한 게릴라인 레지스탕스가 독일군과 계속 전투를 벌였다).

국방비를 아픈 아이를 치료하는 데 썼다면?

2007년 1월 17일자 「뉴욕타임스」에는 '1조 2,000억 달러로 살 수 있는 것What $1.2 Trillion Can Buy'이라는 제목의 기사가 실렸다(참고로 1조 2,000억 달러는 한화로 약 1,200조 원이다). 기사에서는 이 막대한 비용을 이라크 전쟁에 쏟아 붓지 않았다면 사회·경제적으로 얼마나 유용하게 쓸 수 있었는지를 분석했다. 첫째로 그 돈이면 지원되지 않고 있는 공공 의료 분야, 즉 세계아동백신기금을 대거나, 심장병이나 비만으로 고생하는 모든 미국인의 문제를 해결할 수 있다고 보았다. 거기에 빈곤과 교육 문제, 재난 지역을 위한 재건축 문제에 넉넉히 지원할 수 있다고 설명했다. 그러나 2008년 3월까지 총 전쟁 비용은 약 3조 달러(한화로 약 3,000조 원)로 늘었다. 이 전쟁으로 인해 적어도 3,990명의 미군이 사망했고, 9만 4,000명의 이라크인이 사망했다고 언론은 보도했다. 이라크전쟁 개전 5주년 기념행사에서 부시 대통령은 "이라크전은 숭고하고, 필요한 것이었으며, 정당하다. 그리고 당신의 용기로 이라크 전쟁은 승리로 끝날 것이다"라고 연설했다.

레지스탕스résistance는 '저항'을 뜻하는 프랑스어다. 역사적으로는 제2차 세계대전 중 프랑스, 덴마크, 노르웨이, 네덜란드, 폴란드, 소련 등 유럽 국가에서 벌어진 독일에 대한 저항 운동을 가리킨다. 레지스탕스는 여러 면에서 상대적으로 독일에 열세였기 때문에 주로 게릴라 작전을 펼쳤다. 특히 프랑스의 레지스탕스는 종교나 이념에 관계없이 국민 모두가 단결하여 독일 격퇴에 총력전을 펼쳤기 때문에 가장 유명하다. 우리에게 익숙한 이름인 샤를르 드 골Charles De Gaulle은 프랑스 레지스탕스를 대표하는 인물로 알려져 있다.

강한 군대는 평화의 열쇠가 아니다

만일 군대가 없다면 어떻게 될까? 남아메리카의 코스타리카에는 군대가 없다. 1949년에 제정된 코스타리카 헌법 제12조는 군대를 두는 것을 금지하고 치안 유지를 위해 경찰과 국민방위대만을 뒀다. 일본의 헌법 제9조도 전쟁을 일으키거나 무력으로 위협하기를 영원히 포기한다고 선언하며 군대가 아닌 자위대만을 두고 있다. 유럽의 스위스에도 군대가 없고 민병대만 있다.

위의 예에서 알 수 있듯 군대가 없다고 해서 다른 나라들이 함부로 침략하거나 식민지로 만들지는 못한다. 군대를 보유하지 않고 중립을 지키면, 오히려 그 나라를 침략할 마땅한 명분을 찾기 어렵다. 상대방이 우리를 공격하려 한다거나 평화를 위협한다는 전쟁의 명분은 그 국가에 군대가 있어야 만들어질 수 있기 때문이다. 그런 의미에서 전쟁을 막으려고 강한 군대를 기르는 것은 오히려 주변 국가들을 불안하게 만들어 전쟁을 일으키기도 한다.

과거에 미국과 소련이 그랬듯이, 힘으로 상대방을 제압하려는 어리석은 생각은 무의미한 군비 경쟁을 이끈다. 그렇다면 이런 어리석은 경쟁에서 누가 이익을 볼까? 이익을 얻는 사람들은 국민이 아니라 무기를 만들어 파는 회사들과 그 회사들의 뇌물을 받는 부패한 정치인들뿐이다. 반면에 무기를 사고 군대를 훈련시키는 데 필요한 엄청난 비용 부담은 열심히 일하는 국민들에게 떠넘겨진다. 이러한 과정에서 힘을 가진 사람들이 이득을 보기 때문에 어리석은 경쟁은 쉽게 중단되지 않는다.

우리 역사를 살펴봐도 마찬가지이다. 대한민국에 군대가 없어서 한국전쟁이 발생했는가? 북한의 군대가 너무나 강했기 때문에, 그래서 한국의 군대를 깔보고 능히 이길 수 있으리라는 마음만으로 남한을 침공했을까? 미국과 소련이 서로 대립하는 냉전의 국제질서와 극심한 사회적 갈등 속에서, 한국전쟁은 군대의 존재 유무와 무관하게 일어날 수밖에 없었다.

강한 군대는 평화의 열쇠가 아니다.

한국의 군대가 더 강했다면 전쟁의 진행 상황이 달라질 수 있었을지도 모른다. 하지만 그것이 전쟁 자체를 피할 방법은 못 되었다. 그리고 당시에 한국의 군대가 북한의 군대보다 강했다면 반대의 상황, 즉 한국이 북한을 침공하는 상황이 올 수도 있었다. 당시 이승만 대통령은 공공연히 북진통일을 주장했기 때문이다.

그런데도 여전히 강한 군대만이 평화를 보장한다고 생각하는 사람도 있다. 가령 제2차 세계대전 때 전장을 누볐던 영국의 장군 버나드 로 몽고메리Bernard Law Montgomery는 『전쟁의 역사』(책세상, 2004)에서 다음과 같이

군대가 약해서 한국전쟁이 일어났다?

한국전쟁의 원인에 관해서는 전통적인 학설과 수정론적 시각이 있다. 전통적인 학설은 북한이 소련의 지원을 받아 남침을 했다는 주장과 미국과 소련의 냉전이 남북한의 충돌을 불러왔다는 주장으로 대표된다. 수정론적 시각은 일제 식민지 해방 이후 토지 개혁을 둘러싼 이데올로기적이고 사회적인 갈등이 이미 내전에 가까울 정도로 심각했다고 보며, 한국전쟁을 그 갈등의 연장으로 파악한다. 이런 수정론적 시각을 비판하면서 북한의 정치지도자인 김일성과 남한에서 공산당을 조직했던 박헌영의 비현실적 급진주의가 통일을 빌미로 한 전쟁을 불러왔고, 결국 힘없는 남북한의 민중만 희생을 당했음을 지적하는 시각도 있다. 어느 한 가지 주장만으로 한국전쟁의 비극적인 면을 모두 보여 줄 수는 없을 것이다. 하지만 한 가지 분명한 점은 단지 군대가 약했기 때문에 전쟁이 일어나지는 않았다는 사실이다.

말했다. "평화를 애호한 그들의 아버지들은 자유와 정의를 위해서 싸웠다. 자유와 정의가 없으면 겁 많고 노예화된 사람들에게 평화가 주어졌다 한들 그 평화는 지상의 지옥과 같았을 것이다. 지금 우리가 즐기고 있는 평화는 인간 내면의 이슈와 싸워 얻은 평화이며, 만일 그 평화를 쟁취하고 유지한 미덕들이 상실되면 그 승리도 더는 승리가 아닐 것이다. 인간들 사이의 자유 없는 평화, 혹은 정의 없는 자유가 무슨 가치가 있겠는가?"

몽고메리의 말처럼 자유와 정의를 실현하기 위해 불의를 피하지 않고 맞서야 할 때가 있다. 불의를 외면할 경우 엄청난 희생을 불러올 수 있기 때문이다. 하지만 꼭 폭력으로 거기에 맞서고 싸워야만 할까? 상대를 물리칠 수 있는 것은 오로지 힘밖에 없을까? 평화를 향한 강력한 신념은 오히려 총칼의 날카로움을 꺾는 좋은 무기일 수 있다. 자유나 정의 없는 평화를 바라는 것이 아니다. 그러나 평화를 이루는 방법이 평화롭지 않다면 그것은 평화일 수 없다.

목적과 수단은 분리될 수 없다.

국력은 꼭 군사력으로만 평가되지 않는다. 뛰어난 외교 능력이나 경제적인 부유함, 시민들의 단결 등도 국력을 평가하는 중요한 요소이다. 울퉁불퉁한 근육이 인간의 강인함을 평가하는 유일한 기준일 수 없듯이 나라의 힘도 군사력만으로 평가될 수 없다. 따라서 군대의 규모가 줄어들거나 군사력이 약하다고 해서 국력이 약해지거나 주변 국가들의 침략을 받는 건 아니다.

혹 침략 행위가 있다 하더라도 유엔이나 유럽연합 같은 국제기구들과 여러 국제적인 시민단체들은 침략을 억제하는 힘이 되고 있다. 그리고 때로는 작은 나라들이 힘을 모아 큰 나라의 위협에 대항할 수 있다. 일찍이 동양의 사상가 묵자는 비공非攻이라는 개념을 제안하면서 큰 나라가 작은 나라를 공격하면 작은 나라들이 서로 힘을 합해 침략당한 나라를 구해야 한다고 주장했다. 국가들이 서로 돈독한 관계를 맺고 평화를 정착시키면 한 나라가 아니라 천하에 이득이 생긴다. 그러므로 어느 한쪽을 침략하는 것이 자신에게도 결코 이득일 수 없다는 점을 깨닫는 것이야말로 전쟁을 막는 가장 강력한 힘이다. 군대는 이런 깨달음과 이득을 가로막을 수 있다.

군대는 소수의 권력과 부를 지킨다

사실 군대가 상비군, 즉 전투를 치르기 위한 별도의 조직으로 존재하게 된 지는 그리 오래되지 않았다. 옛날에는 농사를 짓는 농민들이 전쟁 때마다 징집되어 전투에 나섰고, 전투만을 위해 존재하는 기사나 무사들의 수는 그리 많지 않았다. 무장한 전사 집단이 있는 나라도 있었지만 상설화된 건 아니었고, 처음에는 그 규모도 크지 않았다. 무장 집단을 따로 둘 경우 많은 비용이 들기 때문이다. 그래서 전쟁을 쫓아다니며 대신 싸워 주고 돈을 버는 용병들의 무리도 있었다.

어쨌거나 군대를 일상적으로 두게 되면서 그와 관련된 비용이 점점 늘어나고 전쟁의 규모도 커졌다. 옛날의 전쟁에는 참여하는 병사의 수가 적었고 자연히 다치거나 죽는 병사의 수도 그리 많지 않았다. 전쟁이 일어나도 전쟁터로 나간 병사들만 피해를 입었다. 하지만 현대의 전쟁에서는

양심은 살아 있다

1963년대 말 터키에서 그리스인과 터키인 사이에 분쟁이 일어나 양국이 전쟁의 코앞까지 간 적이 있으나 유엔이 개입하여 전쟁을 억제한 바 있다. 그러나 유엔의 가장 강력한 회원국인 미국에는 유엔의 전쟁 억제 능력이 통하지 않았다. 미국이 이라크를 침공할 때, 유엔의 안전 보장이사회는 승인을 내지 않은 상태였다. 코피아난 당시 유엔 사무총장은 "유엔 안보리의 승 인 없는 일방적인 군사 행동은 유엔헌장에 위배된다"라고 밝힌 바 있으나, 실제로 유엔이 할 수 있는 일은 없었다. 이에 세계 인권단체들은 공동성명을 발표하여 유엔이 이라크 무기사찰 을 재개할 것을 요구하고, 미국이 빈곤 퇴치나 인도적 원조 같은 지구적 과제들에 필요한 자 원들을 써버리고 있다는 점, 미국의 이라크 침공은 분명히 반인륜적임을 강조했다.

엄청난 수의 병사들이 죽거나 다칠 뿐 아니라 민간인들도 병사 못지않게 큰 피해를 입는다.

군대에 들어갈 돈이 많아지자 정부는 그 재원을 어떻게든 조달해야만 했 다. 자연히 정부는 부자들에게 그 비용을 요구하거나 세금을 많이 걷게 되었다. 부자들의 돈을 받은 정부는 그들의 이익을 위해 다른 나라에 자 주 간섭하게 되었고 그만큼 전쟁의 발생 횟수도 많아졌다. 걸프전이나 이라크전쟁에서 보이듯 석유라는 중요한 자원을 놓고 침략과 전쟁이 반 복되는 사태도 일어나고 있다. 결국 군대를 키우다 보면 목적과 수단이 뒤바뀌어 군대를 유지하기 위해 전쟁을 벌여야 하는 상황이 온다.

또한 군대는 그 나라의 민주적인 분위기를 해치기도 한다. 강한 군대를 기르려면 엄하게 훈련을 시켜 순종적인 인간을 만들어야 하기 때문이다. 미국의 역사학자 브루스 커밍스B. Cumings는 『한국현대사』(창작과비평사, 2001)에서 "국민징병제의 시행은 뇌물을 먹여 군대에서 빠질 수 없는 모 든 남자들에게 한국 군대 특유의 교육을, 즉 매우 엄격한 미국 장교들조

차 질리게 만드는 신병 훈련, 교련, 군기, 애국, 반공주의, 권위주의적인
관행 등을 받게 만들었다"라고 지적했다. 군대는 개인의 자율성을 억압
하고 규율을 강요하기 때문에 민주주의의 원리와 충돌할 수밖에 없다.

군복무는 시민의 절대적인 의무다?

언제부터 군복무가 의무였을까?

대한민국 헌법은 국방의 의무만이 아니라 납세, 교육, 노동의 의무도 규정하고 있다. 그러면 국방의 의무 대신 다른 의무들을 충실히 지켜도 훌륭한 시민이 될 수 있지 않을까? 옛날부터 모든 국민이 군대에 입대했을까?

전쟁이나 무력 충돌로부터 가족이나 공동체를 방어하는 것은 오랜 옛날부터 매우 중요한 일이었다. 하지만 옛날 사람들은 특별한 집단이 방어를 전담해야 한다고 생각하지 않았다. 고대 아테네에서 공동체의 방어는 시민의 의무였지만 그 의무를 위해 시민이 군대에서 훈련을 받지는 않았다. 시민은 대부분 농부였으며, 이들이 평상시에는 농사를 짓다가 전쟁이 터지면 군인이 되었다. 시민이라면 자기 공동체를 지켜야 할 의무를 다했지만 전쟁이 끝나면 다시 농부가 되었다.

물론 전쟁을 치르기 위해서는 훌륭한 장수가 필요했다. 그래서 싸워야 할 때가 되면 시민들은 동료 중에서 가장 전투에 뛰어난 사람을 장군으로 선출하고 그의 말에 '스스로 복종'했다. 하지만 전쟁이 끝나면 그 장군도 다시 평등한 시민으로 돌아와야 했다. 때로는 시민들의 모임인 민회가 전쟁의 승패에 관한 책임을 묻고 장군들을 사형에 처하기도 했다. 그러므로 장군이 되는 게 반드시 좋은 일은 아니었다.

옛날에는 농사를 짓는 시민뿐 아니라 귀족이나 왕도 있었다. 그들에게는 일상적인 삶에 필요한 노동을 대신해 주는 하인이나 노예가 있었기 때문에 전쟁에 대비할 여유가 있었다. 그래서 좋은 갑옷과 칼, 창을 구입해서 전투 훈련을 했고 노예를 부리며 개인적으로 무장한 집단을 만들기도 했다. 하지만 그 집단을 따로 구분해서 군대라고 부르지는 않았다. 또한 귀족들이 적극적으로 전투에 참여한다고 해서 다른 시민들보다 더 많은 권리를 가지는 건 아니었다. 물론 왕이나 귀족들이 지배하던 나라에서는 그들이 특권을 누렸지만, 민주주의가 실현된 나라에서는 귀족들도 다른 시민과 똑같은 권리를 가졌다. 아테네의 경우에는 독재자의 출현을 막고 모든 시민들이 적극적으로 공동체의 일에 참여하도록 만들기 위해, 시민들이 투표를 해서 지나치게 뛰어난 인물을 10년 동안 국외로 추방하기도 했다.

영화 〈300〉(2006)에 나오듯 스파르타 같은 도시 국가에는 전문적으로 군인의 역할을 맡는 사람들이 있었다. 여자나 노예들이 집안일과 농사를 담당하고, 남자 시민들은 나라를 방어하고 지배했다. 하지만 스파르타는 독특한 경우였고 대부분의 그리스 도시 국가들은 전문적인 군대를 두지 않았다.

마찬가지로 동양에서도 군복무가 시민의 의무는 아니었다. 사대부들은

한 상업영화의 폭력성

개인적으로는 〈300〉이라는 영화를 싫어한다. 이 영화는 야만적인 페르시아(동양)와 문명화된 스파르타(서양)라는 극단적인 이분법을 쓰기 때문이다. 그러나 그런 역사는 존재하지 않는다. 소크라테스의 제자 크세노폰 Xenophon이 쓴 『키루스의 교육』(한길사, 2005)은 페르시아가 문명과 역사를 가진 나라임을 말해 준다.

글을 읽고 무예를 배웠지만 평민들은 농사를 지으며 살았다. 아주 큰 전쟁이 벌어지면 농민들이 군인으로 징집되기도 했지만 대부분의 경우에는 자기 마을에서 농사를 지으며 살았다. 그리고 군대로 징집되더라도 전쟁이 끝나면 다시 고향으로 돌아왔다.

백성의 의무는 군대에 입대하는 것이 아니라 자신의 덕을 기르고 본분에 충실하게 사는 것이었다. 만일 백성의 삶을 고려하지 않고 전쟁을 일삼는 군주가 있을 경우, 그는 폭군이라 불렸고 나라에서 쫓겨날 위험에 처했다. 농민을 강제로 징집하는 것은 언제나 큰 사회적 저항을 불러일으켰다.

이렇듯 동서양을 막론하고 과거에는 군인이 되는 것이 시민의 의무가 아니었다. 특히 모든 성인 남성이 군대에 다녀와야 한다는 법은 고대 사회에 없었다. 중세시대에도 마찬가지였다. 영주나 기사와 같은 귀족들이 무술을 훈련하고 전쟁을 치렀지만 농민들은 자신의 삶에 충실했다. 때때로 전문적으로 전투를 치르는 용병 집단이 등장하기도 했지만 그것은 특수한 경우였고, 평상시에 농민들이 군대로 징집되어 군사 훈련을 받는 경우는 없었다. 오히려 농민들이 무기를 들고 전투 훈련을 받는 것은 지배층을 위협했기 때문에 금지되었다.

우리나라 역사에서만 봐도 모든 국민이 군인이어야 한다는 법은 없었다. 귀족들이 자신의 사병私兵을 거느리고 전쟁에 참여하곤 했지만 큰 전쟁을 제외하면 모든 국민이 전쟁에 휘말리는 경우는 없었다. 삼국시대, 고려시대, 조선시대에도 군역軍役의 의무는 있었지만 모두가 군대에 가는 식으로가 아니라 돈이나 군대에 필요한 물자를 내는 식으로 군역을 대신하는 경우가 많았다. 그렇다면 왜 옛날에는 군대를 따로 두지 않았을까?

평상시에 전투 훈련만 하고 생산 활동을 하지 않는 집단이 많아지면 나라의 살림살이는 힘들어진다. 군인들에게 필요한 먹을거리와 살림살이는 하늘에서 그냥 떨어지지 않기 때문이다. 누군가가 군대를 먹여 살려야 한다. 따라서 강한 군대를 만든다는 명목으로 무조건 군인의 수를 늘리는 것은 결코 나라에 도움이 되지 않는다. 오히려 생산 활동에 종사하는 사람과 군인의 수가 어느 정도 균형을 이뤄야 군대가 유지될 수 있다. 농사짓는 기술이 발달하지 않고 인구도 적었던 옛날에는 많은 군대를 유지하기가 불가능했다. 노동의 의무 없이 국방의 의무는 유지될 수 없었던 것이다.

되고 싶다고 누구나 군인이 될 수 있는 것도 아니었다. 옛날에는 창과 방패, 활, 기병대 등으로 전쟁을 치렀는데, 무기와 말을 다루는 기술은 금방 익힐 수 없었고, 설사 기술을 익힌다고 해도 모두가 뛰어난 장수가 되는 것도 아니었다. 따라서 군인이 될 수 있는 사람은 정해져 있었고 대규모 군대를 꾸리기에는 인원도 부족했다.

상비군은 이렇게 만들어졌다

그렇다면 언제부터 국민을 징병하는 제도가 시행되었을까? 지금의 군대와 같은 '상비군常備軍'이 처음 등장한 지는 그리 오래되지 않았다. 상비군은 프랑스에서 루이 14세가 권력을 잡으면서 처음 등장했다. 루이 14세는 자신의 권력을 강화하기 위해 상비군을 구성하고 관료제도를 도입했다. 평화로운 시기에도 전쟁을 대비하는 직업 군인인 상비군은 이때 처음 등장했다. 왕이 상비군과 경찰 같은 무력을 독점하면서 국가 내의 다른 세력이 왕의 권력을 절대로 넘볼 수 없게 되었고, 19세기가 지나면서 거의 전 유럽에 상비군 체제가 갖추어졌다.

처음에는 상비군의 규모가 그리 크지 않았다. 전쟁이 없는 동안에도 군대를 유지하려면 많은 돈이 필요했기 때문이다. 그나마 유지 비용은 왕이 아닌 국민의 호주머니에서 나왔다. 필요한 돈을 마련하기 위해 국왕은 직접 관리를 파견해서 국민들로부터 세금을 걷기 시작했다(과거에는 지방의 귀족들이 세금을 걷어서 왕에게 보냈다). 국가가 인구를 조사해서 체계적으로 세금을 걷기 시작한 것도 이때부터 일어난 일이다. 이처럼 세금과 군대, 납세의 의무와 국방의 의무는 밀접한 연관성을 가지고 있다. 동양의 과학기술이 일상생활에 활용되었다면, 서양은 뛰어난 과학기술을 전쟁에 활용했다(화약, 다이너마이트, 인터넷 등 많은 과학적인 발전은 군사적인 목적을 위해 개발되고 이용되었다). 특히 화승총의 발명은 전쟁에 필요한 기술을 배우는 시간을 줄여서 상비군의 규모를 늘리는 데 큰 영향을 끼쳤다. 화승총으로 인해 무술 훈련을 따로 받지 않아도 적을 향해 조준하고 사격할 수만 있으면 누구나 훌륭한 병사가 될 수 있었다. 대신 총은 그에 걸맞은 훈련을 요구했다. 총의 화력이 집중될 때 더 큰 효과를 거두기 때문에 병사들은 훈련을 통해 명령에 철저히 따르도록 훈련받았다. 따라서 군대의 규율이 더욱 강해졌고, 군인은 상급자의 명령에 무조건 복종해야 했다. 이제 지휘관의 명령을 충실히 따르는 규율만 있으면 좋은 부대가 만들어질 수 있게 된 것이다.

역설적이지만 이렇게 상비군이 생기고 군대의 규모가 커지자 전쟁이 줄어들기는커녕 점점 더 잦아졌다. 군대를 유지하기 위한 많은 돈을 조달하기 위해 다른 나라를 침략하게 됐기 때문이다(흥미롭게도 병사를 뜻하는 영어 단어 soldier는 금화를 뜻하는 solidus에서 생긴 말이다). 국가는 더 많은 세금을 걷기 위해 상업 활동을 지원했고 상인들을 위해 군대를 파견하기도 했다. 그들에게서 걷은 돈으로 군대는 더 강력해졌고, 강력한 군대를 유지하자니 더 많은 돈이 필요해서 전쟁을 일으켜야 했다. 이런 악순환은 식민주의와 제국주의로 이어졌다.

상비군제도가 마련되면서 모든 성인 남성이 국방의 의무를 져야 한다는 국민개병제도國民皆兵制度도 마련되었다. 물론 과거 아테네 도시 국가에서도 큰 전쟁이 일어나면 남성 시민들이 군대로 징집되었다. 하지만 신분과 상관없이 일정한 연령대의 청년 남성들 모두가 군대에 입대해야 하는 국민개병제도는 프랑스의 나폴레옹 황제가 권력을 잡으면서 도입되었다. 유럽의 여러 국가들과 동시에 전쟁을 벌이려면 많은 병력이 필요했기 때문이다. 그리고 나중에는 전쟁이 없을 때에도 청년들을 징병해서 훈련시키고 군인으로서 일하게 했다. 이렇게 많은 군대를 유지하게 된 까닭은 총의 출현이 군인을 많이 모을수록 전쟁에 이길 가능성이 높아진다는 점을 보증했기 때문이다. 총이 없었다면 아무리 많은 시민을 징병한들 그 수만으로 전쟁에서 이길 거라는 자신감을 가질 수 없었을 것이다.

동양에서도 1880년대에 일본이 프로이센의 군사제도를 받아들이면서 3년 현역의 상비군제도를 비롯해 후방군·예비군·국민군으로 이어지는 전시병력 동원체제와 국민개병 원칙을 확립했다. 한국도 일제 식민지에서 해방되고 1948년에 병역법을 제정하면서 국민개병제도를 시행했다.

현대의 전쟁, 전방과 후방이 사라지다

영국의 역사학자 에릭 홉스봄 E. Hobsbawm은 『혁명의 시대』(한길사, 1999)에서 다음과 같이 말했다.

"젊은 프랑스 공화국은 그 위기의 과정 속에서 총력전을 발견 혹은 발명했는데, 총력전이란 징병, 배급과 엄격하게 통제된 전시경제 및 국내외에서의 군인과 민간인 구별을 실질적으로 철폐하는 국가자원의 총동원이었다."

이렇듯 총력전의 시대에는 군인과 민간인이 구별되지 않는다.

정리하자면, 상비군은 전쟁을 없애기 위해서가 아니라 왕의 권력을 강화하려는 목적으로 만들어졌고, 거기에 필요한 많은 돈은 국민의 세금과 해외 식민지 수탈로 충당되었다. 결국 상비군이 출현하면서 더 많은 전쟁이 벌어진 것이다. 또한 더 많은 전쟁을 치르기 위해 지원자만이 아니라 모든 성인 남성을 군인으로 만들어야 했다. 이런 과정을 거치면서 군복무는 시민의 의무가 되었다. 이렇게 시민의 피와 땀으로 세워진 국가는 신성함을 부여받고 힘을 강화시켰다.

전쟁이 거대해진 이유

'시민=군인'이라는 생각은 인류 역사를 피로 물들이는 계기를 마련했다. 옛날에는 군인과 민간인이 분명하게 구분되었지만 국민개병제도는 그 경계를 무너뜨렸다. 군인이 아닌 시민도 '잠재적인 군인'으로 인식되었다. 그러므로 시민의 수를 줄이는 것이 전쟁에서 승리할 가능성을 높이게 되었다. 자연히 군인뿐 아니라 민간인도 공격 대상이 되었고, 어린이, 여성, 노인을 구별하지 않는 대량학살이 이루어졌다. 더욱더 악랄하게 무차별적으로 살육을 해야 전쟁에서 이길 가능성이 높아졌기 때문이다. 그래서 과거와 달리 엄청나게 많은 사람들이 전쟁터에서 목숨을 잃기 시작했다. 예를 들어, 제1차 세계대전에서 독일군의 진격을 막기 위해 영국군은 솜Somme강 공세를 벌였는데, 첫날에만 6만 명이 죽었고 그 전투에서만 총 42만 명의 영국군이 목숨을 잃었다. 옛날 같으면 전쟁 기간을 통틀어 희생되었을 만한 수의 사람들이 한 번의 전투에서 목숨을 잃었다. 프랑스도 제1차 세계대전으로 징병 대상 남성의 20퍼센트를 잃었고 부상자까지 합치면 무사하게 전쟁터에서 돌아온 사람은 얼마 되지 않았다.

20세기 과학기술의 발달은 이런 비극의 규모를 한층 더 키웠다. 기관총과 전차가 보급되어 한 명씩이 아니라 닥치는 대로 사람을 죽이는 '대량 살상'이 가능해졌다. 비행기와 미사일, 잠수함은 군인과 민간인의 경계만이 아니라 공간의 경계도 무너뜨렸다. 첨단 무기의 출현은 전쟁터와 전쟁터가 아닌 곳, 전방과 후방을 구별하지 않고 나라 전체를 전쟁터로 만들었다. 육지와 바다, 하늘 모두가 전쟁터로 변해 버린 것이다.

이렇게 전방과 후방이 뒤섞이자 기본적인 생활물품을 생산하고 수송하는 시설까지 '잠재적인 전쟁물자'가 되었다. 제2차 세계대전 당시 적국의 배라면 무장, 비무장을 가리지 않고 격침시킨 독일의 무제한 잠수함 작전은 이러한 인식을 그대로 반영한다. 적의 군대뿐 아니라 적국 자체를 초토화하고 사람들 모두를 굶겨야 전쟁에서 이길 확률이 높아졌다. 그 뒤로는 민간인 시설에 대한 폭격도 군사 작전의 일환이 되었다.

이러한 전쟁의 확대는 모든 시민이 군대에 입대해야 한다는 생각을 정당화시키고, 교육이나 노동의 의무보다 국방의 의무를 강조했다. 많은 군인을 확보하고 첨단장비로 무장한 군대를 만드는 것이, 심지어 핵무기로 무장해서라도 공포의 균형을 이루는 것이 전쟁을 막는 방법이 되었기 때문이다. 상대방을 압도적으로 누르지 않으면 전쟁의 공포에서 벗어날 수 없었다. 군비 경쟁은 이런 공포심을 강화시켰다. 이제 전쟁터만이 아니라 후방의 민간인들까지도 전쟁의 파괴력으로부터 자유롭지 않았기 때문에, 내 가족을 지키기 위해서라도 군대에 입대해야 했다.

지배자들만 바뀌던 과거의 전쟁과 달리 현대의 전쟁은 국가의 운명을 내 삶, 내 가족의 운명과 일치시킨다. 그래서 국가 권력이나 군대를 정당하게 비판하는 것도 마치 내 안전을 위협하는 불순한 의도로 느껴진다. 이렇게 만들어진 '적과 동지'라는 단순한 세계관은 차이와 다양성을 무시하는 획일적인 틀로 사람들의 생각을 제한한다. 이런 식으로 국익과 개인의 이익이 동일시되면 국가나 국가의 정책에 대한 합리적인 비판은 불가능해진다.

하지만 개인의 양심으로 국가를 비판하는 용기 있는 사람도 있었다. 미국의 사상가 소로 Henry D. Thoreau는 1849년에 「시민정부에 대한 저항」이라는 특이한 제목의 글에서 '시민불복종 civil disobedience'을 주장했다. 소로는 미국이 영토 확장을 노리고 멕시코와 전쟁을 벌여 텍사스와 캘리포니아, 뉴멕시코를 빼앗은 것을 강하게 비판했다. 소로는 그 전쟁이 "비교적 소수의 사람들이 상설정부를 자신의 도구로 사용한 결과"라며 소수의 이익을 위해 평화를 해치고 사람들을 희생시키는 전쟁을 강하게 비판했다. 소로는 그 글을 발표하기 전인 1846년에도 미국의 멕시코전쟁과 노예제도를 비판하며 세금 납부를 거부했고, 그 때문에 감옥에 갇히기도 했다. 소로는 "우리는 먼저 인간이어야 하고, 그 다음에 국민이어야 한다"라고 주장하며 국가보다 정의가 앞선다고 외쳤다. 국익을 위해 노예 제도 폐지를 요구하는 시위대를 진압하고 침략전쟁에 나선다면 그것은 국가보다 더 큰 전세계 인류의 정의를 해친다. 그래서 소로는 "국가가 개인을 더 커다란 독립된 힘으로 보고 국가의 권력과 권위가 이러한 개인의 힘에서 나온 것임을 인정하고, 이에 알맞은 대접을 개인에게 해줄 때까지는 진정으로 자유롭고 개화된 국가는 나올 수 없다"라고 한탄했다.

소로가 한국에 살았다면 무슨 말을 했을까? 언제나 개인보다 집단과 국가를 앞세워 온 우리 사회는 소로를 아주 불편하게 만들 것이다. 아마 소로는 국가가 개인의 삶을 보호하지 못한다면 개인이 왜 국가에 복종해야 하느냐고 물을 것이다. 그리고 집단이 더 중요하다면 국가보다 더 큰 단위인 인류를 위해 국가의 이익을 포기하지 않는 이유는 무엇이냐고 물을 것이다.

대한민국 헌법은 국방의 의무를 규정하고 있지만 헌법의 제1조는 국가의 모든 권력이 국민으로부터 나온다는 점을 분명하게 밝힌다. 구체적인 한 사람, 한 사람이 모여 추상적인 집단인 국민을 이루기 때문에 개인이 가진 양심과 신념은 결코 낮게 평가될 수 없다. 그리고 헌법의 전문은 "항구적인 세계평화와 인류공영에 이바지함으로써 우리들과 우리들의 자손의 안전과 자유와 행복을 영원히 확보"한다고 밝히고 있다. 그렇다면 세계평화와 인류공영에 이바지할 길이 군대에 가는 것뿐일까? 평화와 공영을 위해 국가의 경계를 넘어서 다른 삶을 사는 것이 더 중요하지 않을까?

헨리 데이비드 소로
Henry David Thoreau 1817~1862

국가는 왜 나에게 누군가를 죽이는 데 쓸 돈을 내라고 하는가?

소로가 월든 호숫가에서 생활하던 1846년 7월 어느 날 밤, 한 경관이 그를 방문하여 소로가 여러 해 동안 내지 않았던 인두세人頭稅를 내라고 요청했다. 그러나 소로는 노예제도를 유지하고 멕시코를 상대로 제국주의 전쟁을 일으키는 데에 세금을 낼 수 없다며 이를 거절했다. 소로는 이 일로 인해 하루 동안 투옥되었다. 2년 후, 소로는 그때의 경험을 담아「시민 정부에 대한 저항」이라는 글을 발표했고, 이는 후에「시민 불복종」이라는 제목으로 널리 알려졌다. 이 책은 19세기 말 러시아의 대문호 톨스토이에 의해 발견되어 그의 사상에 큰 영향을 끼쳤고, 20세기 초 인도의 독립운동을 주도하던 간디에게 하나의 교과서가 되었다. 그 외에도 영국의 노동운동자들, 나치 점령하의 레지스탕스, 마틴 루터 킹 등 불의의 권력과 싸우는 수많은 시민들을 격려해 왔다.

소로가 주장한 시민불복종이란 국가가 부당한 일을 시민에게 강요해서는 안 되며, 시민은 부당한 일을 중단하도록 국가에 비폭력적인 방법으로 요구할 수 있다는 것이다. 공공의 이익을 위해 시민이 행사할 수 있는 저항권의 하나이다.

양심에 따른 병역거부와 대체복무는 한국에서뿐만 아니라 세계의 여러 나라들에서도 논쟁이 되었고, 유엔에서도 중요한 안건이다. 세계대전이라는 참혹한 비극을 피하기 위해 여러 나라들이 1945년 10월 24일에 세운 유엔은 전쟁을 막고 평화를 실현하는 것을 중요한 과제로 삼았다. 유엔의 설립 목적을 밝힌 유엔헌장은 제1조 목적에서 평화를 위협하는 침략을 억제할 뿐 아니라 "경제적·사회적·문화적 또는 인도적 성격의 국제 문제를 해결하고, 또한 인종·성별·언어 또는 종교에 따른 차별 없이 모든 사람의 인권 및 기본적 자유에 대한 존중을 촉진하고 장려"한다고 밝혔다. 이런 목적상 유엔은 대체복무와 양심에 따른 병역거부에 관해 적극적인 관심을 가질 수밖에 없었다.

그동안 양심에 따른 병역거부나 대체복무에 관해 발표된 유엔의 결의를 살펴보면(안경환·장복희, 2002), 1948년 유엔은 세계인권선언Universal Declaration of Human Rights을 발표하면서 제18조에 "모든 사람은 사상, 양심 및 종교의 자유를 향유할 권리를 가진다"라고 규정했다. 이 선언은 인권이 평화와 밀접하게 관련되어 있음을 인정하고 기본적 자유권을 적극적으로 보호하려 한다. 선언에 따르면, 공동체의 안전이나 질서를 방해하지 않는 한 개인의 기본권은 침해될 수 없다.

유엔이 세계의 다양한 국가들로 구성되어 있고 특히 미국이나 러시아 같은 강대국들의 입김에서 자유로울 수 없기 때문에, 세계인권선언은 합의될 수 있는 인간의 가장 기본적인 권리라고 말할 수 있다. 세계인권선언은 신체의 자유나 법 앞에서 평등할 권리처럼 외면적인 자유만이 아니라 사상이나 양심, 신앙과 같은 개인의 내면적인 자유도 매우 중요하다는 점을 인정했다. 그리고 많은 국가들이 이 선언의 취지를 받아들여 자국의 법률을 수정하고 있다.

1966년 12월에 유엔은 '국제인권 B규약'(A규약은 '경제적·사회적·문화적 권리에 관한 국제규약')이라 불리는 '시민 및 정치적 권리에 관한 국제규약 International Covenant on Civil and Political Rights'을 채택했다. 이 규약에서 유엔은 세계인권선언의 의미를 다시 한 번 강조하고 사형제도의 폐지와 함께 "어느 누구도 스스로 선택하는 종교나 신념을 가지거나 받아들이는 데 있어 자유를 침해하게 될 강제를 받지 아니한다"(제18조)라고 밝혔다. 이 규약은 신앙이나 신념의 자유가 "공공의 안전, 질서, 공중보건, 도덕 또는 타인의 기본적 권리 및 자유를 보호하기 위하여 필요한 경우에만 제한"될 수 있다는 점도 덧붙였다.

그리고 이 규약은 "전쟁을 위한 어떠한 선전도 법률에 의하여 금지"되고 "차별, 적의 또는 폭력의 선동이 될 민족적, 인종적 또는 종교적 증오의 고취는 법률에 의하여 금지된다"(제20조)라고 밝혔다. 세계에는 다양한 종교와 이념이 존재하는데, 자신의 신앙과 신념만이 절대적이라 믿고 다른 이의 것은 배척한다면 또다시 큰 충돌과 전쟁을 낳을 가능성이 높기 때문이다. 따라서 개인의 내면적 자유는 반드시 존중되어야 하지만 그것이 다른 신앙이나 신념을 침해하고 평화로운 공존을 파괴할 경우 제한을 받을 수 있다.

1978년 12월에 유엔은 회원국들이 양심에 따른 병역거부 때문에 추방된 사람들에게 피난처를 제공하고 국경을 열어 줄 것을 요청했다. 또한 1987년 유엔 인권위원회는 각 회원국들에게 "종교적·윤리적·도덕적 또는 이와 비슷한 동기로 인한 깊은 신념을 따르는 양심에 따른 병역거부를 인정하라"(결의 제46호)라고 권고했다. 이 결의는 양심에 따른 병역거부가 세계인권선언이나 국제인권규약이 규정하는 종교나 신념의 자유에 포함된다는 점을 분명하게 밝혔다.

그리고 1993년에 유엔 인권위원회는 국제규약 제18조의 해석에 관한 의견을 제출하면서 양심에 따른 병역거부권이 규약으로 정당화될 수 있다는 의견을 제출했다. 1993년의 인권위원회 결의 제83호는 양심에 따른 병역거부를 인정하지 않은 국가들에게 병역거부자들의 사례를 다루는 독립적이고 공정한 의사결정 기관을 만들 것을 권유했다. 1995년의 인권위원회 결의 제85호는 양심에 따른 병역거부자들이 그 신념 때문에 차별을 받아서는 안 되고, 만일 그 때문에 자신의 조국을 떠나는 사람이 있다면 그에게 망명권을 인정해야 한다고 주장했다.

양심에 따른 병역거부권의 '마그나 카르타'로 불리는 가장 중요한 결의는 1998년 4월 22일에 발표된 인권위원회 제77호 결의이다. 제77호 결의는 1995년 인권위원회 결의를 다시 한 번 확인하면서 양심에 따른 병역거부가 사상, 양심, 종교의 자유권을 합법적으로 행사하는 것이고, 군 복무 중에도 양심에 따른 병역거부를 할 수 있다고 주장했다. 그리고 병역거부권을 보장하지 않는 국가는 그 문제를 다룰 독립적이고 공정한 기관을 만들어야 하고, 병역거부자가 공익적이고 형벌의 성격을 띠지 않는 비전투 또는 민간 업무를 담당해야 한다고 확인했다. 또한 병역거부자가 구금되거나 계속적으로 처벌받지 말아야 하고 난민보호를 신청할 권리를 가진다는 점도 확인되었다.

2000년 4월에는 유엔 인권위원회가 양심에 따른 병역거부권과 관련해 바람직한 대체복무 형태에 관한 자료를 모으고 각 국가에게 양심에 따른 병역거부와 관련된 보고서를 제출하라고 요구했다(이때 한국은 병역거부를 인정하지 않고 있다는 간략한 보고서를 제출했다).

그런데 유엔헌장 제7조 "이 헌장의 어떠한 규정도 본질상 어떤 국가의 국내 관할권 안에 있는 사항에 간섭할 권한을 국제연합에 부여하지 아니하며, 또는 그러한 사항을 이 헌장에 의한 해결에 맡기도록 회원국에 요구하지 아니한다"라는 내용에 따라 유엔은 이런 결의를 각 회원국에 강요할 수 없다. 다만 각 회원국은 유엔의 결의를 존중하고 자국의 특수한 사정을 고려해서 결의를 성실히 이행해야 한다. 현재 전세계 190여 개국 중 140개국 이상이 유엔의 주요 인권규약들을 비준했고 더 많은 나라들이 비준할 것으로 예상된다. 그리고 이런 유엔의 결의를 바탕으로 자국 내의 인권 문제에 개입하는 단체나 운동가, 법률가들이 엄청나게 증가했다. 국제앰네스티Amnesty International나 세계인권감시위원회World Watch Committee 등 다양한 단체들이 이를 위해 활동하고 있다. 물론 이런 양적인 증가는 국제적인 인권 수준이 높아졌다는 점을 보장하지 못한다. 그러나 어쨌든 이런 여러 가지 결의와 규칙들은 인권 침해를 차단하는 보호막이 되고 있다(헬드 외, 2002).

한국도 이런 흐름에서 자유로울 수 없다. 한국은 1990년 4월에 유엔 국제인권 B규약에 가입했다. 그리고 유엔 인권위원회는 1993년과 1999년 자유권 조약과 충돌하는 국가보안법과 관련해 한국 정부에 심의 권고를 보냈고, 유엔의 경제·사회·문화적권리위원회는 1995년에 교원 및 공무원을 포함한 노동자의 단결권과 파업권을 보장하지 않는 것과 관련해 한국 정부에 권고 사항을 보냈다. 그러나 한국 정부는 권고에 걸맞은 조치를 취하지 않고 있다. 아직까지도 한국 정부는 개인의 기본권을 제한할 수 있는 국가안전보장, 질서유지, 공공복리를 해석하는 권한을 독점하고 있다. 그래서 양심에 따른 병역거부나 대체복무에 관한 논의뿐 아니라 여러 가지 기본적인 권리들이 제약을 받고 있다.

하지만 이런 상황이 계속될 것 같지는 않다. 높아진 국제적 위상을 발판 삼아 한국 정부는 2006년 유엔 인권위원회를 재편한 유엔 인권이사회에서 이사국에 선출되었다. 그리고 2007년 10월에는 외교통상부의 반기문 장관이 유엔 사무총장으로 선출되었다. 따라서 한국이 인권과 관련해 세계적인 흐름을 거부하기는 어려울 것이다. 그러니 이제 우리도 대체복무 제도에 관해 구체적으로 논의해야 한다.

한 사회의 의견은 다수와 소수로 나뉠 수 있다. 그리고 대부분 다수결의 원리에 따라 결정을 내려야 한다고 생각한다. 하지만 역사는 소수의 의견을 존중할 때에만 발전할 수 있었다. 갈릴레이가 다수의 의견을 따라서 천동설을 인정했다면, 세종대왕이 다수 지식인들의 의견을 따라 한글을 만들지 않았다면, 아마도 인류의 역사는 발전하지 못했을 것이다. 따라서 다수의 이름으로 소수의 양심과 신념을 짓밟으면 안 되고, 전체의 이익을 위해서라도 소수의 주장은 존중되어야 한다.

공공의 이익을 해치거나 이기적인 욕망을 채우기 위해서가 아니라 보편적인 정의를 위해, 개인의 권리를 보호하기 위해, 병역거부와 대체복무는 반드시 인정되어야 한다. 더구나 그들은 병역을 기피하지 않고 사회를 위해 기꺼이 봉사하려 하는데 무엇이 문제란 말인가?

대체복무를 인정하면 군대가 약해진다?

국방의 의무, '다르게' 수행하기

분명 한 나라의 시민으로서 함께 나눠야 할 의무가 존재한다. 그런데 군대에 가는 것이 필수적인 의무가 아니라면, 다른 방식으로 의무를 수행할 방안을 마련해야 한다. 그래서 병역의 의무나 국방의 의무라 부르지말고 평화유지의무라고 이름을 바꿔야 한다는 얘기도 있다(안경환·장복희, 2002). 시민이 나라를 지킬 의무를 갖지만 그 의무를 반드시 군복무로져야 할 필요는 없기 때문이다. 이런 이유로 대체복무제도가 논의되고있다. 대체복무제도는 양심에 따른 병역거부자들이 총이나 무기를 직접드는 대신 군대를 유지하는 데 필요한 구급차 등의 수송 업무, 병참 업무를 담당하도록 한다.

그런 점에서 대체복무제도는 시민의 의무와 개인의 권리를 조화시키기위한 방법이다. 총을 들지 않겠다는 개인의 양심과 신념을 존중하면서도그들이 국방의 의무를 다하도록 하기 때문이다. 총을 들지 않는 대체복무, 민간복무(여기서 민간복무는 소방서나 도서관, 동사무소 등에 있는 공익근무요원처럼 공익을 위한 활동에 참여하는 것을 말한다)도 나라와 공동체를 지키는 병역의무를 다하는 것으로 봐야 한다는 '총체적 방위제도'는 스웨덴과 같은 북유럽 국가들에서 이미 받아들여지고 있다. 이미 세계의 다양한 대체복무제도들은 국민으로 하여금 무기를 드는 대신 다른 방식으로 국방의 의무를 지게 한다.

1997년의 유엔 보고서에 따르면 징병제를 실시하지 않거나 양심에 따른 병역거부권을 인정하는 국가가 징병제를 실시하는 국가보다 두 배 이상 많다. 1997년 기준으로 징병제를 실시하면서도 대체복무제도를 인정하는 국가의 수는 약 25개국이었는데, 최근에는 그 수가 35개국으로 늘어났다고 한다. 대체복무제도를 인정하는 국가들의 수가 늘어난다는 점은 제도의 타당성을 증명한다고 볼 수 있다.

한국의 경우에도 2002년 5월부터 양심에 따른 병역거부권을 실현하고 대체복무제도를 도입하자는 목소리가 높아지기 시작했다. 한국의 국방부도 이런 세계적인 추세에 발맞춰 대체복무를 허용하겠다는 방침을 2007년 9월에 발표했다. 국방부는 종교나 양심의 이유로 병역을 거부하는 사람들에게 대체복무를 허용하고, 병역의무를 거부하는 권리가 아니라 국민적 합의를 전제로 한 사회복무제도의 하나로 대체복무를 허용한다고 밝혔다. 다만 대체복무가 병역기피 수단으로 악용되는 것을 막기 위해 복무 기간을 현역보다 두 배 정도 긴 3년으로 하고 중증 장애인 수용 시설이나 한센 병원 등에서 일하도록 하겠다고 밝혔다. 대체복무자들은 해당 시설에서 합숙을 해야 하고, 복무 태도가 불량하면 징계나 형사 처벌을 받을 수도 있다.

이런 대체복무제가 평등의 원칙을 어긴다며 반대하는 목소리도 높다. 모든 시민이 평등하게 군대에 가야 하는데 특정한 신앙이나 신념을 가졌다고 군대를 면제해 준다면 평등의 원칙을 침해한다는 것이다. 하지만 해마다 징병에 필요한 신체검사를 받는 인원 중에서 실제로 현역으로 입대하는 경우는 이미 절반에 불과하다. 지난 30년간 많은 징병 대상자들이 방위나 공익근무요원, 전문연구요원, 산업체 특례요원, 전경 등으로 배치되어 병역의 의무를 대신해 왔다. 그러니 변형된 형태의 대체복무제도가 한국에 이미 도입되어 있는 셈이고, 다만 종교적 양심이나 신념이 대체복무의 사유로 인정되지 않았을 뿐이다. 이제는 평화주의적 양심이나 신념을 대체복무의 사유로 받아들여야 한다. 국민의 평등권을 침해한다는 이유로 대체복무제도의 도입을 반대하는 것은 현실을 인정하지 않으려는 억지 논리이다.

대체복무제도를 허용하면 병역비리가 늘어날 것이라는 이유로 반대하는 이들도 있다. 하지만 대체복무제도가 더 많은 병역비리를 낳을 확률은 낮다. 병역비리를 저지르는 사람들은 대부분 권력이나 돈을 가진 사람들인데, 이들은 대체복무제도를 도입하지 않아도 어차피 비리를 저지를 사람들이다. 그리고 예전에는 방위의 복무 기간이 현역보다 짧았기 때문에 부정한 방법으로 방위로 빠지려는 사람들이 있었지만, 대체복무는 현역보다 더 오랫동안 일한다. 물론 대체복무자들은 군대가 아니라 사회에서 생활하는 장점을 누리지만 공익근무요원 등과 달리 집에서 떨어진 시설에서 생활하기 때문에 군대에 가는 것보다 무조건 유리하다고 하긴 어렵다. 병역 기피자들은 여전히 완전 면제를 받거나 공익근무를 하기 위해 비리를 저지를 것이다. 그러나 병역을 피하려는 이들이 대체복무제도를 악용할 가능성은 낮다. 대만의 예가 그 점을 증명한다.

신념도 차별 받는다

2007년 9월, 국방부는 종교적인 사유 등으로 집총을 거부하는 사람들이 군입대 대신 다른 방법으로 병역의 의무를 이행할 수 있도록 하는 대체복무를 허용하겠다고 밝혔다. 이것만으로도 획기적인 변화이기는 하지만, 인권 운동가들의 입장에서는 여기에 크게 두 가지 문제가 있다. 첫째, 우리 사회에 병역거부 운동이 곧 대체복무라는 인식이 심어졌다는 것이다. 병역거부는 평화라는 보편적인 가치에 대한 문제에 더 가깝다. 그런데 일부의 불만만 누그러뜨리는 제도의 정비는 미봉책에 불과하다는 것이다. 또한 대체복무의 기간이 현역복무 기간의 두 배인 36개월이라는 점에 대해, 대체복무를 도입한 세계의 많은 나라들 가운데 그렇게 긴 대체복무 기간을 가진 나라는 별로 없음을 지적한다.

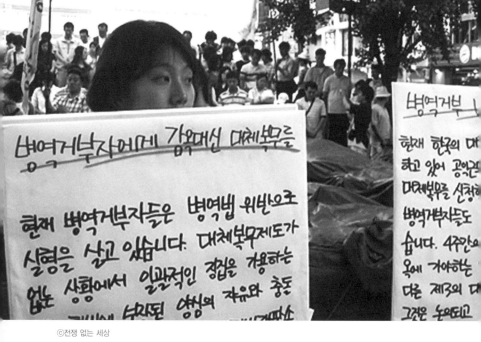

ⓒ전쟁 없는 세상

사회 서비스의 질을 높인 대만의 대체복무제도

대만은 중국이 공산화된 이후 줄곧 중국과 대치하고 있다. 1987년이 되어서야 계엄령이 해제될 정도로 대만은 심각한 안보위협을 느끼고 있었다. 미국과 소련의 냉전이 끝나면서 대만과 중국도 화해와 평화를 추구하고 있지만 갈등은 여전히 계속되고 있다. 중국과 대만은 서로를 독립된 주권 국가로 인정하지 않고 계속 군사적인 대치 상황을 유지하고 있기 때문이다(대만은 미국의 둘째가는 무기수입국이다).

이런 이유로 대만은 대체복무제도를 결코 받아들이려 하지 않았고 양심에 따른 병역거부자들을 한국보다 더 가혹하게 처벌했다(과거에 병역거부자들은 보통 4년 이상을 감옥에서 보내야 했다).

하지만 2000년 대만의 국회인 입법원은 대체복무법안을 통과시켰다. 이런 변화는 치엔시치에(簡錫堦)라는 입법위원(국회의원)의 노력과 군 현대화라는 국가 목표가 맞아떨어지면서 이루어졌다. 치엔시치에는 젊은이들이 군대보다 사회에서 장애인과 여성, 노인들을 위해 다양한 활동을 할 수 있다고 꾸준히 주장했다. 그러던 중 대만 정부는 현대화된 군사 장비를 도입하기 위해 60만 명에서 30만 명으로 병력을 감축하기 시작했고, 젊은이들이 입대하기 위해 1년 정도 기다려야 하는 상황이 벌어졌다. 대만의 대체복무제도는 이렇게 실시되었다.

대체복무제도를 도입하고 난 뒤 대만의 상황을 살펴보자. 일단 여호와의 증인 신도를 제외하면 대체복무를 지원하는 사람은 그리 많지 않았다. 대만 정부는 현역병이 부족하지 않도록 현역병을 먼저 모집한 뒤에 남은 인원 중에서 대체복무자를 정하는 방식으로, 제도를 탄력적으로 운용하고 있다. 대체복무 지원자가 수용할 수 있는 인원보다 많으면 추첨으로 선발하고, 남은 인원은 현역으로 입대시켰다. 그러다 보니 대체복무제도를 실시한 뒤 3년 동안 대체복무 신청자는 4만 4,000명에 달했지만 실제로 대체복무를 한 사람은 약 2만여 명이다.

대체복무를 지원할 수 있는 사람은 종교 사유, 가정 사유, 전문기술을 갖췄거나 자원봉사, 일반 자격 등 5가지 조건들 중 하나의 조건에 해당되어야 한다. 종교의 경우 2년 이상 신앙을 가진 사람이어야 하고, 가정 사유의 경우 한국처럼 계속 가정을 돌봐야 하는 사람이 지원할 수 있으며, 국가가 정한 전문기술을 가진 사람도 지원할 수 있다. 그리고 자원봉사와 관련된 일을 1년 이상, 150시간 이상 한 사람은 우선적으로 관련 기관에서 대체복무를 할 수 있다. 그리고 위의 4가지 조건에 해당되지 않더라도 대체복무를 희망하는 사람은 일반 자격으로 지원할 수 있다. 경쟁이 치열하다 보니 대체복무를 희망하는 사람들은 전문자격증을 따거나 자원봉사를 많이 해서 자격 요건을 갖추려 한다.

어떠한 사유로 대체복무를 하느냐에 따라 복무 기간은 조금씩 다르다. 현역 대상자 중에서 대체복무를 신청한 사람은 현역의 22개월보다 2개월이 더 긴 24개월을, 종교적인 사유로 대체복무를 신청한 사람은 26개월 동안 복무한다. 그리고 가정 사유로 대체복무를 신청한 사람은 22개월로 현역과 똑같이 복무한다. 만일 중간에 대체복무를 중단하면 그때까지의 복무는 실제 복무 기간으로 계산되지 않는다. 따라서 일이 힘들다고 중간에 그만둔다면 큰 손해를 보는 셈이다. 또한 대체복무자들도 현역과 마찬가지로 내무실에서 생활하기 때문에 생활상의 큰 이점은 없다.

중국이 대만을 포기하지 못하는 이유

중국 영토 안에는 수많은 소수민족들이 포함되어 있다. 만일 대만이 중국으로부터 독립한다면, 위구르와 티베트를 비롯한 소수민족들도 덩달아 독립을 주장할 것이고, 그렇게 된다면 중국은 영토를 일부 잃는 데 그치지 않고 큰 혼란에 빠질 가능성이 있다. 대만이 가지고 있는 경제적 이점도 중요한 문제이다. 대만이 가지고 있는 기술, 경제적 기반 등에 중국의 인력이 투입된다면, 엄청난 경제발전을 이룰 수 있다는 계산 때문에 중국은 대만을 독립시킬 수가 없는 것이다. 또한 대만 문제는 양극화가 극심한 중국인들을 응집시킬 수 있는 사회 이슈이기도 하다.

대체복무제도를 반대하는 사람들은 제도가 악용될 가능성을 많이 걱정한다. 대만에서도 그런 가능성 때문에 거짓 지원할 경우 엄격하게 처벌할 수 있는 법을 마련하고 있다. 만일 병역을 회피하기 위해 거짓으로 종교를 갖고 대체복무를 신청한 사실이 발각되면, 2년 이하의 유기징역형을 받게 되어 있다. 그래서인지 지금까지 종교인으로 위장해서 대체복무를 신청한 사람은 없었다고 한다.

이렇게 선발된 대체복무자는 4주간의 기초 군사 훈련을 받아야 하는데, 종교적인 양심 때문에 이조차 받을 수 없는 사람은 훈련을 면제받는 대신 4~11개월을 더 복무한다. 하지만 최근에는 대체복무자들에게 아예 군사·사격 훈련을 시키지 않는다고 한다. 어차피 군대와 관련된 일을 하지 않을 바엔 기초 군사 훈련이 필요하지 않다고 판단했기 때문이다.

훈련을 마친 대만의 대체복무자들은 다양한 영역에서 활동한다. 마을을 순찰하거나 수용소를 경비하는 경찰 업무부터 재난시 환자를 구하는 소방 업무, 혼자 사는 노인이나 장애인들을 돕는 사회복지 업무, 환경을 조사하고 돌보는 환경보호 업무, 산이나 섬처럼 외진 지역에서 환자나 아이들을 돌보는 의료와 교육 업무, 그 외에 행정원이 정한 곳에서 다양한 업무를 수행한다. 대체복무제도 실시 이후 3년 동안의 업무 구성 비율을 보면 경찰 업무를 맡는 경우가 가장 많고 다음이 환경보호 업무, 소방 업무이다.

이러한 대체복무자들의 활동으로 사회복지 서비스가 향상되었고, 퇴역한 대체복무자들이 그동안 일했던 기관이나 단체에서 계속 활동하면서 인력난이 해소되기도 했다. 대체복무제도는 군대 내의 인권도 개선시켰다. 그전에는 억지로 군대에 간 사람들이 부대에 적응하지 못해 자살하거나 다치는 경우가 많았지만, 대체복무제도가 실시되면서 적응하지 못하는 사람들이나 몸이 불편한 사람들은 다른 곳에서 일하게 되었다. 그러자 자연스럽게 군대 내의 안전사고도 줄어들었다.

대만의 사례는 대체복무제도를 실시해도 국방력이 갑자기 약해지거나 현역 입대자의 수가 줄어들지 않는다는 점을 증명한다. 군 장비를 현대화하면서 병력을 줄였기 때문에 자주국방의 능력은 예전만큼 강하다. 그리고 대체복무자들이 그동안 비어 있었던 사회 서비스 분야를 메워 주었기 때문에 국민의 만족도가 높아지고, 그만큼 나라에 대한 소속감도 강해진다. 따라서 대체복무제도는 대만의 국력을 약화시키기는커녕 오히려 강화시켰다고 볼 수 있다.

하지만 대만의 대체복무제도는 종교적 신앙에 따른 병역거부만 인정하고, 평화주의 신념에 따른 병역거부나 선택적 병역거부를 인정하지 않는다. 그리고 심사를 거친 뒤에 대체복무 여부를 결정한다는 점, 현역을 채운 뒤에 대체복무자를 선발한다는 점에서 한계를 가진다.

군대가 없으면 나라가 망할까?

앞에서도 얘기했지만 대체복무제도는 시민으로서 져야 할 의무를 회피하기 위한 제도가 아니라 더 강한 나라를 만들기 위한 방법이다. 대체복무제도는 몇 가지 사회적 장점도 가지고 있다. 일단 사람을 억지로 군대에 보내지 않기 때문에 군대 내의 사고가 줄어든다. 대만의 사례에서도 구타나 자살 같은 사고들이 눈에 띄게 줄어들었다는 점이 증명되었다. 그리고 대체복무자들이 사회에 꼭 필요한 일이지만 노동 강도가 심해 지원자가 적은 분야에서 일하기 때문에 사회 서비스의 질이 높아진다.

물론 대체복무제도를 도입했다 하더라도 여전히 대체복무의 종류와 기간에 관해서는 논쟁의 여지가 남는다. 유럽의 경우 대체복무제도의 종류를 다양화하고 기간을 단축시키고 있다. 더 중요하게는 '대체'라는 말 자체를 없애고 군입대를 하나의 선택 사항으로 여기도록 하고 있다.

먼저 총을 내리는 건 바보짓이다?

미국의 대체복무제도

대체복무제도를 반대하는 사람들은 북한과 대치하고 있는 한국의 안보 상황에 대해 얘기하길 좋아한다. 그리고 북한이 군사 규모를 줄이지 않는데 우리가 나서서 대체복무제도를 도입하고 군대와 군비를 감축하는 건 전쟁을 자극하는 어리석은 행동이라 주장한다.

아직도 냉전의 분위기가 남아 있는 한반도에서 먼저 총을 내리고 다른 평화의 길을 찾자는 주장은 지나치게 이상적으로 느껴질지도 모른다. 하지만 인류는 이상을 실현하기 위해 노력하면서 발전을 거듭해 왔다. 게다가 먼저 총을 내리려는 노력은 결코 어리석지 않고 오히려 전체 사회에 이익을 가져오기도 한다.

세계에서 가장 강력한 군사 국가인 미국은 종교적인 신념 때문에 영국을 떠나야 했던 사람들이 세운 나라이다. 이주해 온 사람들 사이에 귀족이나 평민 같은 구분이 있을 수 없었기 때문에 서로를 존중하며 공동체를 꾸릴 수 있었다. 그래서 미국은 종교적인 신념에 매우 관대할 수밖에 없

었다(하지만 미국은 인디언이라 불리는 원주민들을 가혹하게 탄압했다). 자연스
럽게 종교적 신앙에 따른 병역거부는 큰 거부감 없이 미국 사회에 수용
되었다.

미국은 단일한 국가가 아니라 다양한 주들의 연합체, 즉 연방국가이다.
따라서 외교나 국방 같은 큰 문제를 제외하면 각 주는 연방헌법의 테두리
내에서 스스로 헌법을 제정할 수 있다. 1789년 미국 연방헌법이 발효되
기 전에 각 주들은 각자 헌법을 가지고 있었고, 여러 주들이 그 헌법에서
양심에 따른 병역거부권을 인정했다. 예를 들어, 1776년에 펜실베이니아
주 헌법은 "집총을 하는 것에 대하여 양심적 가책을 느끼는conscientiously
scrupulous 어떠한 사람도 그가 대체복무를 하려 한다면if he will pay such
equivalent 총을 들도록 강요받을 수 없다"(제8조)라고 선언했다. 이러한 입
장은 1777년 버몬트 주 헌법(제9조), 1776년 델라웨어 주 헌법(제10조),
1784년 뉴햄프셔 주 헌법(제13조) 등에서도 확인되었다(안경환· 장복희,
2002).

하지만 연방헌법이 제정되고 난 뒤에는 양심에 따른 병역거부를 판단하
는 권한이 연방정부로 옮겨졌다. 미국의 연방헌법에 따르면, 미국 연방
의회는 "민병대의 편성, 무장 및 훈련에 관한 규칙과, 합중국의 군무에
복무하는 자들을 다스리는 규칙"을 정하고, 각 주는 "민병대의 장교를
임명하고, 연방의회가 정한 군율에 따라 민병대를 훈련시키는 권한을 각
각 보유"(제16항)한다. 따라서 양심에 따른 병역거부권을 인정했던 주의
자치적인 권한은 중앙정부로 이양되었고 양심에 따른 병역거부권은 논
란에 휩싸였다.

그래도 과거에 병역거부권을 인정했던 경험이 있고, 모병제를 원칙으로

하고 있기 때문에 병역거부권이 큰 논란이 된 사례는 많지 않다. 하지만 제1, 2차 세계대전이나 베트남전쟁과 같은 큰 전쟁을 벌일 때 미국은 징병제도를 채택했고, 그럴 때마다 양심에 따른 병역거부권과 관련된 논쟁이 벌어졌다. 특히 종교적인 믿음과 관련되지 않은 평화주의 신념에 따른 병역거부는 아직까지도 미국 사회에서 쉽게 인정되지 않고 있다.

미국이 양심에 따른 병역거부권을 어떻게 받아들이고 있느냐에 관한 해석은 두 가지로 갈리고 있다. 첫 번째 입장은 미국이 징병제도를 채택했을 때도 양심에 따른 병역거부권을 인정했다는 쪽이다(안경환· 장복희, 2002). 예를 들어 1861년에 미국이 남과 북으로 나뉘어 내전을 벌일 때에도, 북부연방과 남부연방이 모두 징병제를 채택했지만 몇몇 주는 병역거부권을 인정했다. 이런 입장은 제1차 세계대전을 치를 때 징병제를 도입하면서도 양심에 따른 병역거부권을 인정했다고 주장한다. 예를 들어, 평화주의 신념을 가진 퀘이커 교도들the Quakers은 제1차 세계대전 중 양심에 따른 병역거부자들이 선택적 복무의 형태로 구제사업에 종사하거나 의료부대에서 일하도록 도왔다. 미국이 병역거부를 인정했다고 주장하는 사람들은 이러한 몇 가지 선진적인 사례를 소개하면서 한국 사회도 대체복무제도를 도입해야 한다고 주장한다.

하지만 두 번째 입장은 미국이 양심에 따른 병역거부권을 인정하는 척만 했을 뿐, 사실은 병역거부권에 배타적이었다고 주장한다. 예를 들어, 하워드 진과 같은 역사학자들은 양심에 따른 병역거부자들이 반역법에 따라 엄한 처벌을 받았다고 지적했고(하워드 진, 2006), 전투나 병역을 거부한 사람들이 상당한 불이익을 받았다고 보는 시각도 있다(당대비평,

2004). 민주적인 국가로 포장된 미국의 이미지를 벗기려는 사람들이 주로 이런 주장을 제기하고 있다.

이렇게 시각은 대립되지만 어쨌든 미국은 대체복무를 위한 기본 틀을 가지고 있다. 미국은 1948년에 보편적인 군사 훈련 및 병역에 관한 법률The Universal Military Training and Service Act을 제정하면서 대체복무와 관련된 조항을 만들었다. 이 조항은 "종교적 수양과 믿음을 이유로 통상의 참전을 양심적으로 반대하는 사람"에게 군입대를 요구하지 않는다고 규정했다. 이 법에 따르면 정치적 신념에 따른 병역거부는 불가능하고 인간보다 상위의 절대자a Supreme Being를 믿는 기독교인이나 가톨릭 신자만이 병역거부를 할 수 있었다. 하지만 제2차 세계대전 이후 베트남전쟁이 일어나기 전까지는 미국이 모병제를 유지했기 때문에 대체복무가 큰 문제로 떠오르지는 않았다. 논란이 불거지기 시작한 것은 1964년 미국이 베트남전쟁에 개입하면서부터다. 1967년 6월 30일 미국의회는 베트남전쟁을 치르기 위해 징병제도를 부활시켰다. 그때 의회는 "절대적 존재"에 관한 내용을 삭제하고 병역거부자가 "종교적 가르침과 믿음"에 따라 거부해야 한다고 규정했다. 당시에 양심에 따른 병역거부와 관련해 많이 얘기되는 사례는 다음과 같다.

1965년 대학생이던 시거Seeger는 양심에 따른 병역거부자 신청을 했지만 거절당하자 대법원에 소송을 제기했다. 그는 기독교나 가톨릭 같은 종교를 믿지 않았지만 무신론자는 아니었고, 다만 절대적인 선에 대한 믿음을 가지고 있었다. 대법원은 절대자의 정의를 확장해서 기독교를 믿지 않더라도 정치·사회·철학적 관점에 따른 병역거부라면 인정해야 한다고 판결했다.

1970년의 웰시^{Welsh}에 관한 사건에서 법원은 그런 종교적 관점이 훈련, 연구, 명상 또는 기타 활동을 통해 얻어진 것이어야 하고, 이것들이 종교적 신념을 구성하는 엄격함이나 헌신과 비교될 수 있음을 증명해야 한다고 못을 박았다. 즉 단순히 군대가 싫다는 이유만으로 병역거부를 할 수 없도록 만들었다. 웰시의 신청은 받아들여졌지만, 이 판결로 인해 양심에 따른 병역거부를 준비하던 사람들은 위축되었다.

베트남전쟁이 끝나갈 무렵 또 한 번 양심에 따른 병역거부와 관련된 논쟁이 벌어졌다. 논쟁의 주인공인 질레트^{Gillette}와 네그레^{Negre}는 베트남전쟁이 정의롭지 않다고 생각했기 때문에 병역거부자로서 제대를 요청했다. 질레트는 국가를 방어하거나 평화를 유지하기 위한 명령에는 기꺼이 복종하겠지만, 군대가 침략전쟁을 비롯해 정의롭지 못한 전쟁에 참여할 경우 병역을 거부하겠다고 분명하게 밝혔다. 그러나 대법원은 이들의 주장을 인정하지 않았다.

베트남전쟁이 끝난 뒤에는 다시 징병제가 모병제로 전환되었다. 그래서 최근 양심에 따른 병역거부는 현역 군인들을 중심으로 이루어지고 있다. 그들은 전쟁에 개입하기를 거부하면서 전역이나 비전투 보직으로 변경해 줄 것을 요청하고 있다. 하지만 미국에서도 이들의 요청은 잘 받아들여지지 않고 있다. 이는 최근 이라크전쟁과 관련해 높아진 양심에 따른 병역거부의 목소리에 미국 정부가 귀를 막고 있다는 증거이다.

미국은 양심에 따른 병역거부와 대체복무를 받아들이고 있지만, 종교적 양심에 따른 병역거부와 평화주의 신념에 따른 병역거부를 구분해서 인

군대가 없으면 나라가 망할까?

평화를 원하는 마음은 하나다

병역거부는 우리가 흔히 생각하듯 특정 종교인들만의 운동이 아닌, 매우 다양한 가치에서 출발한 저항이다. 미국의 웰시나 우리나라의 유호근 씨처럼 정치·사회적 이유로 병역을 거부하기도 하고, 이라크 파병에 반대하여 병역거부를 선언한 강철민 씨처럼 특정한 전쟁을 거부하기도 한다. 미국에도 그런 예가 많이 있다. 군인으로 자진 입대한 반스 일경은 2006년에 이라크전쟁에 배치된 뒤 전쟁의 참사와 동료 병사들의 죽음을 겪고 기독교적 양심에 따라 병역거부자 자격 신청을 했고, 재판 끝에 승소하여 2008년에 명예제대 판결을 받았다.(「한겨레」 신문 2008년 5월 15일자 기사 참조)

정한다. 따라서 한국과 마찬가지로 미국에서도 양심에 따른 병역거부와 대체복무제도는 아직까지 해결되어야 할 과제라고 할 수 있다. 다만 미국의 경험으로 비추어 볼 때, 대체복무제도가 사회에서 상식으로 인정받으려면 오랜 시간이 필요하다는 점을 알 수 있다.

유럽이 전쟁으로부터 얻은 교훈

미국과 달리 유럽의 여러 국가들은 평화를 실현하는 방법으로 대체복무제도의 중요성을 인정해 오고 있다. 유럽은 고대 그리스 민주주의의 이미지로 자신들의 역사를 포장해 왔지만 사실 유럽만큼 갈등이 잦고 수없이 다른 나라를 침략했던 곳을 찾기는 어렵다. 역사를 거슬러 올라가 보면 아시아, 아프리카, 아메리카, 유럽 중에서 유럽인들이 가장 많이 서로의 목숨을 빼앗았고 가장 빈번하게 다른 대륙을 침략했다. 엄청난 수의 사람들이 목숨을 잃었던 제1, 2차 세계대전도 모두 유럽에서 시작되어 전세계로 퍼졌고, 그 이전에도 종교전쟁, 십자군전쟁, 왕실 간의 전쟁, 아시아, 아프리카에 대한 제국주의적 침략전쟁까지 모두 유럽에서 일어났다.

그렇게 많은 목숨을 희생시키면서 유럽은 뼈아픈 교훈을 얻었다. 즉 평화는 그냥 주어지지 않고 그것을 실현하려는 치열한 노력이 있을 때에만 유지될 수 있다는 것이다. 다른 나라의 침략을 막기 위해 군대는 필요하지만, '힘의 논리'에 빠질 경우 긴장을 피할 수 없다. 따라서 일찌감치 유럽은 '하나의 유럽'을 구성해서 공존共存을 모색해야 한다고 생각했다. 그 결과로 유럽은 아직까지 프랑스, 영국, 독일, 이탈리아 등으로 나눠져 있긴 하지만 유럽연합EU이라는 기구를 만들어 통합의 길을 걷고 있다.

강력한 군대, 강력한 국가, 강한 민족을 만들겠다는 욕망은 독일의 나치즘이나 이탈리아의 파시즘이 그러했듯이 다른 나라를 침략하게 만들 뿐 아니라 자국민에게도 총부리를 겨눈다. 파시즘과 나치즘으로 가장 먼저 희생된 사람들은 적국의 시민들이 아니라 바로 이탈리아와 독일의 국민이었다. 전쟁은 내부의 반대자들을 먼저 없애고 난 뒤에 시작되기 때문이다. 따라서 이런 잘못된 욕망에 국민이 저항할 수 있는 방법을 마련해야 했다. 부당한 전쟁이나 전쟁 자체를 반대하는 개인의 신앙과 신념을 인정해야 한다는 목소리는 유럽 대륙에서 점점 강해졌다.

유럽 최초로 대체복무법을 제정한 것은 영국이었다. 이는 제1차 세계대전에 영향을 받은 영국 평화주의자들의 투쟁으로 1916년에 이루어졌다. 그 뒤를 이어 덴마크, 네덜란드(1922), 노르웨이(1922) 등이 대체복무제도를 마련했다. 뒤늦게 대체복무제도를 인정한 프랑스(1963), 벨기에(1964), 스위스(1996)를 제외하면 많은 유럽 국가들이 1920~1930년대에 대체복무제도를 마련했다.

군사독재를 경험했던 독일(1949)과 포르투갈(1976), 스페인(1978)도 헌법에서 대체복무제도의 필요성을 분명하게 밝혔다. 또한 동구권의 사회주의가 붕괴한 뒤에는 크로아티아, 슬로베니아, 에스토니아, 슬로바키아, 체코, 러시아 등도 양심에 따른 병역거부의 권리를 헌법에서 밝히고 있다.

각 국가에서뿐만이 아니라 유럽 차원에서도 양심에 따른 병역거부를 인정하고 대체복무제도를 시행해야 한다는 목소리가 높다. 1950년에 유럽이사회Council of Europe는 유럽인권협약European Convention on Human Rights을 채택했는데, 그중 제9조는 "모든 사람은 사상, 양심, 종교의 자유에 관한 권리를 가진다"라고 선언했다. 유럽인권협약은 그런 자유의 권리가 "공공의 안전, 공공질서, 보건 또는 도덕, 다른 사람의 권리 및 자유의 보호를 위하여 민주사회에 있어서 필요한 경우에만 제한"받을 수 있다고 정했다. 특히 유럽인권협약은 유엔인권선언과 달리 "민주사회에 있어서 필요한 경우"라는 단서 조항을 추가했다. 이 조항은 공공의 안전이나 질서가 권력을 가진 사람의 뜻에 따라 자의적으로 해석될 수 없도록 보장했다.

유럽의회Parliamentary Assembly도 양심에 따른 병역거부와 관련해 1967년과 1977년에 결의안을 제출하고 유럽 각국에 그 권리를 인정하라고 요구했는데, 대부분의 국가들이 이를 수용했다.

2000년 10월에 채택된 유럽연합기본권헌장 제10조도 사상과 양심, 종교의 자유를 규정하고 있다. 이 헌장은 유럽인권협약의 내용을 그대로 이어받고 "양심에 따른 병역거부는 이 권리의 행사를 규율하는 각국의 국내법에 따라 인정된다"라며 양심에 따른 병역거부와 관련된 내용을 헌장에 반영했다.

많은 유럽 국가들 중에서 독일은 제1, 2차 세계대전을 일으킨 전범국가라는 원죄를 안고 있다. 그래서 독일은 기본법에서 양심에 따른 병역거부의 권리를 분명하고 적극적으로 보장한다. 독일 기본법 제4조는 "신앙과 양심의 자유, 그리고 종교적·세계관적 고백의 자유는 불가침"이라고 분명하게 밝히면서 "누구도 양심에 반하여 무기를 드는 병역을 강요당하지 않는다"라고 규정했다. 그리고 병역의무를 규정한 기본법 제12a조는 "만 18세 이상의 남자에게는 군대, 연방국경수비대 또는 민방위대에 복무할 의무를 지울 수 있다"라고 규정하면서도 "양심상의 이유로 집총병역을 거부하는 자에게는 대체복무의 의무를 지울 수 있다. 대체복무의 기간은 병역의 기간을 초과할 수 없다. 상세한 내용은 법률로 정한다. 동 법률은 양심에 따른 결정의 자유를 침해할 수 없고 군대나 연방국경수비대와 무관한 대체복무의 경우도 규정해야 한다"라며 양심에 따른 병역거부와 대체복무의 정당성을 밝히고 있다.

그리고 방위 사태가 발생할 경우 보건이나 의료시설에서 일할 여성을 법률에 따라 징집할 수 있지만 "여자는 어떤 경우에도 집총복무를 해서는 안 된다"라는 조항도 두었다. 또 기본법 제26조는 침략전쟁을 금지한다는 분명한 조항을 두고 "국가 간의 평화로운 공동생활을 교란시키기에 적합하고 그러한 의도로 행해지는 행동과 특히 침략전쟁 수행의 준비는 위헌이다. 이러한 행위는 처벌되어야 한다"라고 규정했다.

이처럼 독일에서도 양심에 따른 병역거부의 권리는 선택적으로 허용되지 않고 헌법상의 기본권으로 인정된다. 대체복무의 기간도 현역과 똑같고, 선택적 병역거부의 이유가 되기도 하는 침략전쟁을 헌법에서 분명하게 금지하고 있다.

독일의 대체복무법은 모든 전쟁을 거부하는 절대적 거부만을 인정하고 선택적 거부를 인정하지 않는다. 하지만 독일은 입영 대상이 된 청년에게 선택의 기회를 제공한다. 1977년에는 병역의무법을 개정해서 병역거부자가 관할 관청에 병역거부 선언을 하면 승인이나 심사절차 없이 민간복무Zivildienst를 하도록 정하기도 했다. 나중에 연방헌법재판소가 이 규정이 평등원칙을 위반하므로 위헌이라고 선언하기도 했지만(안경환·장복희, 2002), 독일에서는 대체적으로 양심에 따른 병역거부가 큰 무리 없이 받아들여지고 있다.

통일되기 전에 사회주의 국가였던 동독도 1964년부터 양심에 따른 병역거부를 인정하고 거부자들이 비전투부대에서 복무하도록 했다. 끔찍한 전쟁의 경험은 독일 국민들로 하여금 양심에 따른 병역거부의 필요성을 분명하게 깨닫도록 했던 것 같다.

독일만이 아니다. 군대가 아닌 민병대만 두고 있는 스위스는 이미 1536년에 영세중립 정책을 대외에 천명하고 1815년에 영세중립국임을 선포했다. 그래서 스위스는 중립국으로서 군대를 두지 않고 어떤 전쟁에도 참여하지 않으며 대체복무를 헌법에 규정하고 있다. 병역 및 대체복무를 규정하는 제59조는 모든 스위스 남성이 병역의무를 지지만 "대체복무Zivilen Ersatzdienst에 관해 법률로 정한다"라는 규정을 두고 있다. 그리고 "스위스 여성에 관하여 병역은 자유의사에 맡긴다"라는 규정도 있다.

노르웨이와 네덜란드는 군입대는 받아들이되 핵무기 사용을 반대하는 선택적 병역거부도 병역거부의 사유로 인정하고 있다. 네덜란드에서는 1960~1970년대 미국이 주도하는 북대서양조약기구NATO의 핵무기 도입을 반대하면서 양심에 따라 핵무기와 대량살상무기를 사용하지 않을 수 있는 거부권도 인정해야 한다는 주장이 힘을 얻었다. 그래서 1978년에 양심에 따른 병역거부자들의 범위를 핵무기나 대량살상무기 사용을 거부하는 사람들에게까지 확대시키는 새로운 법안이 마련되었다.

유럽의 역사에서 잘 드러나는 교훈은 강력한 군대를 갖춘 나라일수록 전쟁을 부를 위험성이 크다는 점이다. 프로이센이 통일을 이루고 비스마르크의 지휘를 받으며 강력한 나라로 성장했을 때, 유럽에는 이미 전운이 감돌기 시작했다. 자기 나라를 강대국으로 만들겠다는 야심을 품은 사람이 생기는 순간, 당장 전쟁이 터지지 않는다 해도 평화로움은 균열을 일으키기 시작한다. 자신은 군대를 강화할 생각이 없다 해도 주변의 상황 때문에 어쩔 수 없이 겁쟁이 경기에 휘말리기도 한다.

그럴 때 먼저 총을 내리면 상대방도 내 의지를 알게 된다. 먼저 평화를 택하는 건 바보나 겁쟁이의 선택이 아니라 용기 있는 선택이고 평화를 향한 강렬한 열망이다. 인류의 비극은 그런 선택과 열정을 비현실적이라거나 어리석은 것이라 무시하고 비웃을 때 시작된다.

하지만 대체복무 역시 비극의 공식에서 완전히 벗어나는 방법이라고 하기는 어렵다. 어떤 형태로든 대체복무는 전쟁을 지원할 수 있기 때문이다. 비록 비전투부대나 사회의 공장에서 일을 한다고 해도 그가 하는 일이 간접적으로 전쟁을 지원할 수 있다. 가령 군수물자를 생산하거나 운반하는 역할만 해도 그 물자는 군대가 전쟁을 계속하도록 지원하는 셈이다. 그래서 평화주의 반전의 관점에서 양심에 따른 병역거부를 지지하는

군대가 없으면 나라가 망할까?

〈전쟁저항자 인터내셔널War Resisters' International〉이라는 단체는 대체복무
제도를 반대한다(이남석, 2004).

국가가 대체복무를 인정하면서도 전쟁을 자유로이 치를 수 있기 때문에,
대체복무제도는 전쟁을 근본적으로 막는 대안이 되지 못한다. 양심에 따
른 병역거부의 주된 목표인 평화를 실현할 수도 없다. 그런 점에서 대체
복무를 넘어서 군대, 그리고 전쟁 자체를 거부해야 한다는 주장도 있다.

도로시 데이
평화와 나눔이
공상에 불과하다고 말하는 사람들에게

도로시 데이의 소박한 혁명은
가난한 이를 위한 한 그릇의 수프에서 시작되었다.

도로시 데이Dorothy Day는 우리에게 낯선 이름이지만 1976년 8월 미국에서 열린 세
계성체대회에 마더 테레사와 함께 강연자로 초청받았을 만큼 널리 알려진 인물
이다. 이 대회에서 도로시 데이는 "우리 모두 조금 가난해지도록 노력합시다. 제
어머니께서는 '모든 사람이 조금씩만 덜 가지면 한 사람 몫이 나온다'라고 말씀
하시곤 했습니다. 우리 식탁에는 항상 한 사람 몫의 자리가 더 있었어요"라고 연

설했다.

도로시 데이는 거창한 혁명이 아니라 서로 가진 것을 나누는, 일상 속에서의 작은 혁명을 이루려 했다. 그래서 가톨릭을 믿는 노동자들이 현실을 올바로 인식할 수 있도록 「가톨릭일꾼」이라는 신문을 만들었고, 고아나 병자, 노인, 노숙인들이 마음 놓고 쉬고 먹을 수 있는 '환대의 집'을 세웠다. 도로시 데이는 특히 '평화주의'를 강하게 주장했고, 이유를 막론하고 모든 전쟁을 반대했다.

도로시 데이는 이렇게 말했다. "만일 당신이 의류 공장에서 옷 만드는 일을 하거나 무명천이나 담요 만드는 일을 한다면 당신의 노동은 아직 전쟁과 연관되어 있다. 만일 당신이 곡식을 가꾸거나 땅을 개간한다면 당신은 군대를 먹이거나 군대에 복무할 인력을 양성하는 셈이다. 만일 당신이 버스를 몬다면 당신은 세금을 지불함으로써 국가의 전쟁 자금을 대주는 셈이다. 또 당신이 사는 상품에도 세금이 붙어 있다. 따라서 당신은 무엇을 하든지 간에 세상일에 관여하는 한, 그만큼 국가의 전쟁 준비에 기여하는 셈이다."
이와 같은 이유로 도로시 데이는 제2차 세계대전 때도 전쟁을 반대했고, 매국노로 몰렸다. 그러나 도로시 데이는 전쟁이 악을 제거하는 수단이 될 수 없다고 믿었다. 그리고 자신의 운동을 비난하는 사람들에 맞서 평화를 사랑하는 신념을, 원수를 사랑하라는 예수님과 하느님의 말씀을 지켰다.

"도로시는 자선의 형태뿐 아니라 가난과 전쟁의 황폐함을 가져오는 제도 권력에 도전하고 저항하는 최선의 정치적 형태로 자기 신앙이 요구하는 의무에 응답했다. 피켓을 들고 시위를 하든 감옥에 가든 그는 매일 미사와 로사리오 기도, 최소한 하루 2시간의 성서 묵상을 거르지 않은 부단한 기도로 자신을 단련시켰다."

4

전쟁에 이기면
우리는 행복해질까?

중국의 사상가 묵자墨子는 전쟁에서의 승리가 명예와 이익을 가져온다는 주장을 반박하며 이렇게 말했다. "전쟁에서 승리했다는 명예를 생각해 보면 아무런 소용이 없다. 전쟁에서 얻은 이익을 계산해 보면 오히려 잃은 것이 더 많다. 지금 삼 리 넓이의 성에 칠리 넓이의 성곽이 있는 도시를 공격한다고 하자. 정예부대를 동원하지 않고는, 그리고 많은 사람들을 살상하지 않고서는 이것을 점령할 수 없다. 그렇게 하자면 사람들이 죽는 것만 해도 많으면 수만에 이르고 적어도 수천에 이르게 된다. 그렇게 한 뒤에야 삼리 넓이의 성과 칠 리 넓이의 성곽이 있는 도시를 점령할 수 있다. 지금 만승萬乘의 나라라면 비어 있는 성의 수가 천 단위에 이르러 이루 다 들어가 점거할 수 없을 정도이고, 땅은 광대하기가 만 단위의 넓이에 이르러 이루 다 개척해 쓸 수 없을 정도도. 그렇다면 토지는 남아돌아가는 것이고, 백성들은 부족한 것이라 할 수 있다. 지금 백성들이 죽어가고 있고, 위아래 사람들의 근심이 더욱 깊어만 가는데, 비어 있는 성을 빼앗기 위해 다툰다는 것은 곧 부족한 것을 버리고 남아도는 것을 중히 여기는 행위이다. 이렇게 정치하는 것은 국가가 힘써야 할 일이 아니다."

어떤 전쟁이든 승리를 위해서는 많은 목숨을 담보로 삼을 수밖에 없다. 군인만이 아니라 민간인, 특히 여성과 아이, 노인 같은 약자들은 전투에서 희생될 수밖에 없다. 희생자가 없는 전쟁은 존재하지 않는다. 따라서 전쟁은 그 자체가 비극이다. 하지만 권력을 가진 자들은 언제나 자신의 이익만을 추구하기 때문에 전쟁은 끊이지 않는다. 그래서 묵자는 전쟁을 반대하는 것을 넘어 인간이 서로 사랑해서 공격 자체를 없애는 비공非攻과 비전非戰의 사상을 주장했다. 묵자는 천하에 남이란 없으니 모두가 서로 사랑하면 전쟁과 공격 자체가 사라질 것이라고 믿었다. 그리고 권력을 가진 사람들이 앞장서서 이런 생각을 가지고 검소한 옷을 입고 사치하지 않는 절용節用과 비악非樂의 삶을 살아야 한다고 강조했다. 윗사람들이 그렇게 산다면 아래의 사람들도 그런 삶을 자연스레 받아들일 것이기 때문이다.

세상의 모든 사람들이 행복하게 살기 위해 우리가 할 수 있는 일은 무엇일까? 이미 모범적인 답은 나와 있는데, 우리는 그것이 꿈이라 믿으며 가지 않을 뿐이다. 물론 힘든 길이다. 하지만 그래서 더 값지지 않을까? 이 길이 아니라면, 우리는 끊임없는 파괴와 죽음의 악순환에서 벗어날 수 없다.

누가 전쟁으로 이득을 보는가?

침략의 역사는 은폐된다

미국의 역사학자 하워드 진Howard Zinn은 자유와 민주주의의 '수호자'를 자처하는 미국이 그동안 저질러온 만행을 고발하며 미국을 '오만한 제국'이라 부른다. 미국은 나라가 세워질 때부터 침략과 정복을 일삼아 왔다. 수많은 아메리카 원주민들이 정복자들의 총과 대포에 목숨을 잃었다. 나라가 세워진 뒤에도 미국은 여러 차례 제국주의 전쟁을 벌였고, 그 과정에서 셀 수 없이 많은 사람들을 학살했다.

하지만 그러한 기록은 미국의 공식 역사에서 찾아보기 어렵다. 애통하게도 이런 역사는 언제나 감춰진다. 하워드 진은 자신의 강연회에 참석한 역사에 뛰어난 미국 고등학생 백 명에게 미라이 대학살을 아느냐고 물은적이 있다. 하지만 아무도 손을 들지 않았다. 학교는 그런 역사를 가르치지 않기 때문이다. 남의 일이 아니다. 한국전쟁 때 미군이 노근리의 무고한 양민들을 학살하는 만행을 저지르기도 했지만 그 사건의 실체가 밝혀진 것도 최근의 일이다. 일본이 역사를 왜곡하여 자신들의 잘못을 교과서에서 지웠듯이, 미국도 침략의 역사를 지우고 평화를 가장한다.

무차별적인 살육, 미라이 대학살

미라이 대학살은 1968년 3월 16일, 베트남전쟁 당시 미군에 의해 자행된 민간인 학살 사건이다. 미군 병사들은 무기도, 베트콩도 없었고, 또한 있을 만한 증거도 없었는데도 미라이 마을의 주민들을 집합시켜서 무차별 학살했다. 일부 병사들이 명령에 따르기를 거부했고, 한 미군 헬리콥터 조종사는 위험을 무릅쓰고 아이 몇 명을 구해내기도 했다. 하지만 대부분의 주민들이 미군에 의해 살해됐고, 움막은 수류탄 공격을 받았다. 이 학살로 인한 사망자는 560명 이상으로 추정되며 상당수가 부녀자였던 걸로 알려져 있다. 학살이 일어난 당시 649명의 기자들이 베트남에 있었으나 단 한 사람도 이 사건을 보도하지 않아, 1년이 훨씬 지난 후에야 세상에 알려졌다.

우리의 역사도 마찬가지이다. 우리는 오만함을 드러낼 겨를도 없이 너무 잦은 침략을 받았던 아픈 역사를 가졌다. 그래서 우리는 전쟁의 파괴력과 고통을 잘 알고 있다고 생각한다. 그리고 그 고통을 역사에 남겨서 후손들에게 알려 주고자 한다. 하지만 우리 역시 베트남전쟁에 참여해 죄 없는 베트남인들을 죽인 경험을 가진 '전쟁국가'이다. 우리는 전쟁에 희생된 베트남 사람들에게 공식적으로 사과를 한 적도 없고 우리 역사에 그 기록을 남기지도 않았다.

이렇게 미국이든 한국이든 국가가 알리고 싶지 않은 어두운 역사는 언제나 감춰진다. 어두운 역사가 드러나면 사람들은 전쟁을 일으킨 자들에게 어떻게 전쟁을 이용해서 자기 배를 채우고 권력을 강화시켰는지 질문을 던질 것이기 때문이다. 권력을 가진 자들은 그 질문이 두려워서 진실을 숨긴다. 중세의 수도사 에라스무스Erasmus의 말처럼 "일단 전쟁이 선포되고 나면, 국가의 모든 일은 소수의 입맛에 따라 좌지우지되게 마련이다."

국제정치학자이자 전쟁 연구가인 잭 레비J. S. Levy는 서기 1500년부터 1975년까지 약 500년 동안 120개의 크고 작은 전쟁이 일어났다고 전한다. 그리고 이 전쟁들 중에서 제1차 세계대전에서만 1,500만 명이, 제2차 세계대전에서는 무려 5,000만 명, 한국전쟁에서 300만 명, 베트남전쟁에서 120만 명이 희생되었다. 국제정치학자 루스 시바드Ruth Sivard는 1900년부터 1995년 사이에 전쟁으로 죽은 사람이 1억 970만 명이고 이 가운데 비전투원이 6,200만 명으로 전투원보다 많다고 분석한다. 또 다른 자료에 따르면 1990년대 전반기의 전쟁 희생자 550만 명 가운데 75퍼센트 가량이 비전투원이었다(김재명, 2005).

이처럼 전쟁의 총부리는 나라 밖만을 겨누지 않는다. 권력은 외부만이 아니라 내부의 사람들에게도 폭력을 가했다. 주 방위군이 광부들의 마을을 습격해 학살을 저질렀던 1914년의 러들로우 대학살, 파업을 벌이던 노동자들에게 경찰이 총격을 가했던 1937년의 전몰장병 기념일 대학살 등 내부에서 자국민을 희생시킨 자들은 다름 아닌 그 나라의 경찰과 군인이었다.

미국의 럼멜R. J.Rummel이라는 학자는 전쟁에 희생된 사람들의 숫자를 세면서 지난 100년 동안 국가에 의해 살해된 사람의 숫자가 약 2억 명에 달한다고 주장한다. 이 엄청난 숫자 외에 럼멜은 더 중요한 진실을 얘기한다. 이 중 약 1억 3,000만 명이 자국민이었다는 것이다. 즉 국가가 외국인이 아니라 자국민을 살해했다는 얘기이다(러미스, 2002). 럼멜은 국외가 아니라 국내에서 더 많은 전쟁이 발생했다는 충격적인 사실을 전해 준다.

이처럼 자국민의 가슴을 겨누는 전쟁은 아직도 끊이지 않고 일어나고 있다. 아프리카 대륙 곳곳에서 자행되고 있는 전쟁과 파괴가 그 예다. '아프리카의 제2차 세계대전'이라 불렸던 콩고 내전에서만 300만, 수단 내전에서 150만, 르완다 내전 80만, 앙골라 내전 50만, 부룬디 내전 25만,

시에라리온 내전 20만, 라이베리아 내전에서 15만 명 등 수많은 사람들이 자국 내 전쟁으로 목숨을 잃었다. 심지어 유럽과 아프리카에서는 인종 청소(보스니아, 르완다, 코소보), 조직적인 강간(보스니아, 코소보), 손목 절단(시에라리온) 등 잔혹한 전쟁 범죄들이 기록되고 있다. 이 와중에 수많은 아이들이 지뢰를 밟아 팔다리나 목숨을 잃고 있다(김재명, 2005).

전쟁의 고통을 먹고 사는 사람들

누가 이런 내·외부의 전쟁으로 이득을 볼까? 세계에는 이런 전쟁으로 엄청난 돈을 버는 사람들이 있다. 유엔에 따르면 1980년에 200개에 못 미쳤던 소형무기 제조회사가 95개국에 걸쳐 600개로 늘어났다. 세계 곳곳에서 분쟁이 많이 벌어질수록 '죽음의 상인'이라 불리는 소형무기 거래상들은 엄청난 돈을 번다(김재명, 2005). 영화 〈로드 오브 워Lord of War, 2005〉에 나오는 유리 올로프(니콜라스 케이지 役) 같은 상인들이 분쟁 지역에 불법으로 무기를 공급하면서 어마어마한 이익을 챙기는 것이다. 상인들만이 아니라 무기를 생산하는 기업들도 큰돈을 벌고, 때로는 돈을 벌기 위해 전쟁을 유도하기도 한다. 폐허 속에서 비참하게 살아야 하는 어느 누군가의 눈물과 고통이 그들에게는 부의 원천이 된다.

전쟁으로 이득을 보는 자들은 무기상인들만이 아니다. 현대 사회에서는 기업이 군대의 역할을 대신하기도 한다. 미국의 경우에는 군수산업이 엄청난 속도로 확대되며 기업이 현대판 '용병'으로 자리 잡고 있다. 미국의 아시아 문제 전문가 찰머스 존슨Chalmers Johnson은 오늘날 미국의 군수산업이 정규군을 대체할 수 있는 수준으로 성장했다고 지적한다. 주로 미

구불구불한 유럽 국경과 직선으로 된 아프리카 국경, 어느 쪽이 더 자연스러운가?

유럽 열강들은 19세기부터 부족한 자원을 얻기 위해 아프리카 대륙에 있는 대부분의 나라를 식민지로 만들었다. 당시 아프리카는 부족 체제를 갖고 있었기 때문에 특별한 주권의식이 없었다. 그래서 유럽 열강은 효율적으로 이들을 통치하기 위해 임의로 지도 위에 선을 그어 아프리카의 나라들을 나누었다. 이때 만들어진 국경은 독립 후에도 계속 쓰이고 있다. 이로 인해 부족 간 경계와 국경이 일치하지 않아 아프리카 민족들은 수많은 갈등에 시달리고 있다.

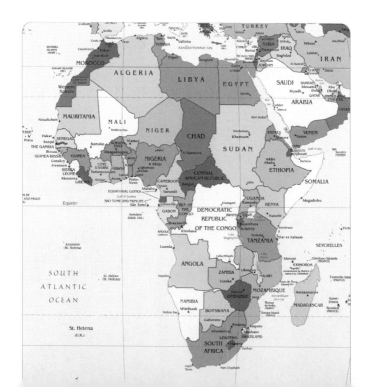

군에서 퇴역한 장교들이 세우는 이런 회사들은 사우디아라비아와 같은 중동 국가의 방위대를 훈련시키고 전쟁 장비를 제공하는 사업을 벌인다. 그리고 때로는 미국 정부나 그 동맹국에 고용되어 군사 훈련을 포함한 작전을 수행하기도 한다.

그런데도 이들 회사는 민간기업이라는 이유로 정부나 의회의 감시를 받지 않는, 통제할 수 없는 권력이 되어가고 있다. 존슨은 "이런 민간 군수기업과 민간 계약자들은 세계 전역에 700여 개나 되는 미군 기지를 운영하는 데 없어서는 안 될 존재가 되었다"라고 지적한다. 그리고 "새로운 기지를 세우면, 그 기지를 보호하기 위한 더 많은 기지를 필요로 하게 되고, 그리하여 군국주의와 전쟁, 무기 판매, 기지 확장이라는, 더욱 꽉 짜인 순환이 생기는 것이다"라며 심각한 우려를 표시했다(찰머스 존슨, 2004).

승리든 패배든 전쟁의 결실은 정치인이나 기업가, 군인 등 사회의 특정한 계층에게 돌아간다. 심지어 전쟁에 지는 경우에도 군수업자들은 이익을 보기도 한다. 그러나 이들의 이익을 위해 희생되는 사람들은 따로 있다. 바로 국민이다. 전쟁에 드는 비용은 모두 국민이 부담해야 한다. 나라의 살림살이에 필요한 예산은 한정되어 있기 때문에, 군대를 유지하는 비용이 늘어날수록 교육이나 사회복지에 드는 예산은 줄어들 수밖에 없다. 이는 가난한 사람들이 사회에서 생존하고 성공할 가능성을 낮춘다. 결국 성공 가능성을 잃어버린 사람들은 몸뚱이 하나로 버틸 수 있는 군대에 간다. 대학에 다니는 학생들은 군대를 마치고 복학한 뒤에 취직을 준비할 수 있지만, 그렇지 못한 청년들은 자신의 직업을 구해야 할 시간을 군대에서

허비하게 된다. 이런 차이는 기회의 평등을 심각하게 침해한다.

여기서 또 역설이 생긴다. 가난한 사람들이 군대에 가서 목숨을 걸고, 부유한 자들은 군대에 가지 않으면서 엄청난 이득을 챙기는 것이다. 가끔 터지는 병역비리에서 확인할 수 있듯이 돈이나 권력을 가진 사람들은 자식을 군대에 보내지 않는다. 더구나 권력층은 국방의 의무뿐만이 아니라 납세나 근로의 의무조차 지키지 않는 경우가 많다. 이런 부조리한 현실을 어떻게 바로잡을 수 있을까?

미국도 사정은 다르지 않다. 이라크전쟁 당시 미국의 상원과 하원을 통틀어 단 한 명의 의원만이 자식을 이라크로 보냈다. 미국 인구의 흑인 비율은 12퍼센트인데, 미군의 흑인 병사 비율은 29퍼센트를 차지한다. 즉 가난하고 사회에서 차별을 받는 사람들이 군대에 간다. 그리고 역설적이게도 군대에 가는 약자들은 군대를 거부하는 것이 자신과 무관한 잘사는 사람들의 배부른 소리라고 믿고 병역거부자들을 미워한다.

약한 사람들이 단결하지 않고 서로를 미워하는 것, 이것이 바로 현실의 모순이다. 그러나 이 모순이 사람들의 원래 모습은 아니다. 누군가가 사람들의 마음속에 심어 놓았을 뿐이다. 영국의 작가 조지 오웰G. Orwell은 『1984』라는 소설에서 '뉴스피크Newspeak'라는 새로운 단어를 썼다. 소설 속 빅 브라더가 지배하는 세계에서 사람들은 끊임없이 뉴스피크에 의해 자신의 의식을 조작당하고, 빅 브라더는 사람들이 착각하도록 언어와 현실을 교묘히 뒤섞는다. 그 나라에서 전쟁을 벌이는 전쟁부서는 평화부서라는 명칭을, 거짓을 선전하는 선전부서는 진실부서라는 이름을 사용한다. 전쟁과 허위가 평화와 진실과 뒤섞여 있어서, 사람들은 무엇이 옳고 그른지를 판단하지 못한다. 이렇게 진실과 거짓이 뒤섞인 세계에서 신중함은 힘을 잃기 쉽다.

국가는 대다수 가난한 사람들의 땀과 희생으로 유지되지만 그 결실은 사회의 소수에게 돌아간다. 고통은 전 국민이 부담하지만 결실은 소수에게 집중된다. 전쟁을 피할 수 없는 것은 그 전쟁으로 이득을 보는 계층과 피해를 입는 계층이 나눠져 있고, 피해를 입는 사람의 힘이 약한 반면 이득을 보는 계층이 권력을 가지고 있기 때문이다. 이런 상황에서 모든 시민이 반드시 군대에 가야 할 필요는 없다. 헌법이 정하고 있듯이 국민의 의무에 국방의 의무만 있는 것은 아니다. 납세의 의무, 교육의 의무, 근로의 의무 등 여러 가지 의무가 있는데 굳이 병역의 의무만을 강조할 필요는 없다.

이런 점을 인정하더라도 군대를 없애고 전쟁을 거부하는 게 비현실적이라고 생각하는 사람은 많다. 이미 진실이 허위와 뒤섞여 버린 세계에서 현실적인 입장은 기존의 입장을 수용하는 것으로 그치기 쉽다. 판단력을 잃어버린 중립과 중용은 힘이 강한 쪽으로 기울기 쉽다. 그래서 힘이 올바름을 대신하는 세계에서는 현실적인 입장보다 자기가 옳다고 생각하는 바를 믿으며 실천하는 것이 훨씬 더 중요하다.

지금 우리가 살고 있는 세계는 어떠한가? 힘과 경쟁이 판을 치고 있지는 않은가? 만일 그런 세계라면, 우리는 병역거부자들을 비난할 것이 아니라 오히려 그들에게 감사해야 한다. 그들은 우리가 양심과 윤리를 저버리고 노골적인 이익만을 위해 살고 있는 건 아닌가라고 되물을 수 있는 계기를 마련해 주기 때문이다.

애국심을 벗어던지고 환대의 삶으로

평화를 향한 노력만으로도 아름답다

힘과 경쟁이 판치는 세상에서 어떻게 살아야 평화를 실현할 수 있을까?
남들이 모두 총을 들고 강한 군대를 보유하려 하는데, 우리만 총을 내리
고 군대를 없앤다고 평화가 이루어질까? 군대를 없애고 전쟁을 거부하
는 세상은, 총 대신 꽃을 들고 군대가 춤을 추는 세상은 실제로 가능할
까? 아마도 대부분의 사람들은 고개를 설레설레 흔들 것이다.

하지만 인류는 언제나 불가능에서 가능을 발견해 왔다. 모두가 바다를
건너거나 하늘을 나는 것이 불가능하다고 여겼던 시대에도 누군가는 그
럴 수 있다고 믿었기 때문에 인류의 문명이 발전할 수 있었다. 만일 모두
가 불가능하다고 믿었다면, 역사는 제자리걸음만 하고 있었을 터이다.

꼭 과학기술만이 불가능을 가능으로 만드는 건 아니다. 인간의 신념도
그러하다. 팔다리를 모두 잃어버린 장애인이 굴하지 않고 자신의 삶을
살아가는 모습은 모든 사람에게 감동을 준다. 가난이나 차별을 딛고 자
신의 목표를 이루려 노력하는 사람들의 모습도 우리에게 많은 힘과 용기
를 준다. 세상은 이렇게 꿈꾸는 사람에게 가능성을 준다.

물론 원하고 바란다고 해서 모든 일이 이루어지는 건 아니다. 하지만 기회는 언제나 가능성으로 존재한다. 그렇기에 최소한의 노력도 하지 않은 채 포기하는 건 어리석다. 우리가 총을 내리고 군대를 없앤다고 지금 당장 평화가 실현되는 건 아니다. 권력을 가진 자들이 끝까지 저항할 것이기 때문에 그 과정이 결코 쉬울 리도 없다. 하지만 실패한다고 해서 그 모든 노력이 아무런 의미를 갖지 못하는 건 아니다. 설령 실패한다 해도 열심히 노력하는 삶 자체가 아름답지 않은가?

전쟁을 반대하고 평화를 실현하려는 길은 결코 외롭지 않다. 비록 지금은 나 혼자뿐이라 해도 그 길은 외롭지 않다. 인류 역사를 살펴보면 우리보다 앞서 평화를 실현하려 노력했고 자신의 목숨까지 바쳤던 수많은 인물들이 있다. 비록 직접 얼굴을 맞대고 얘기를 나누지는 못하지만 그들이 무엇을 위해, 어떤 방식으로 자신의 신념을 실현하려 했는지, 우리는 그 삶에서 배울 수 있다. 조금씩 힘을 모아 미래를 준비하면 세상을 바꿀 수 있다는 것을 말이다. 그렇다면 어디서부터 변화를 시작해야 할까?

먼저 우리는 '애국심愛國心'을 버려야 한다. 내가 태어난 나라를 사랑하지 말자니 무슨 소리일까 궁금해할 사람이 있을 것이다. 물론 개인적인 욕심만 채우지 않고 다른 대상, 나보다 더 큰 세상을 사랑하려는 마음은 좋다. 하지만 '내 나라 만' 사랑하려는 그 태도가 문제이다.
모든 사랑이 아름다운 것은 아니다. 사랑은 배타적이지 않아야 한다. 사랑하는 대상을 위해 모든 걸 바치는 것이 내 쪽에서 보면 아름답지만 상대편의 시선으로 보면 그다지 아름답지 않을 수 있다. 내 자식이 아무리

예뻐도 그 사랑이 지나쳐 다른 집 자식을 무시한다면, 그 집 사람들은 나를 곱게 보지 않을 것이다. 나라를 사랑하는 것은 좋지만 그 사랑이 지나쳐 다른 나라를 무시하고 자국의 이익만을 추구한다면, 다른 나라의 사람들은 그것을 사랑이라 여기지 않는다. 그래서 배타적인 사랑은 시기나 증오, 갈등을 자극하는 원인이 되기도 한다. 내 나라만을 사랑하는 맹목적인 애국심은 다른 나라 국민들의 분노를 자극하고 때로는 전쟁을 불러오기도 한다.

자기를 위해서만이 아니라 널리 사랑을 베풀 때^{博愛} 그 사랑은 아름다울 수 있다. 그렇게 널리 베풀어야 그 사랑이 결국에는 나도 위한다. 세상 만물은 서로 연결되어 있다. 우리 가족, 우리나라만 잘산다고 삶이 행복해지는 건 아니다. 때로는 내 것을 다른 이와 나눌 때, 내 나라의 이익을 포기하고 다른 나라에게 양보할 때, 더 좋은 세상이 만들어질 수 있다. 그렇게 서로 돕는 관계가 만들어지면, 나와 내 나라가 어려울 때에 다른 사람과 다른 나라도 기꺼이 도우려 할 것이다.

타인과 다른 나라를 위한다고 해서 내가 좋아하는 방식으로 도우려 해서도 안 된다. 상대가 원하는 것을, 상대가 원하는 방식대로 나눠야 진정한 배려와 도움이다. 그래서 우리는 애국심에서 벗어나야 할 뿐 아니라 타인의 삶과 고통에도 귀를 기울이고 관심을 가져야 한다. 또한 타인과 새로운 관계를 맺는 것을 두려워하지 말아야 한다. 앞서 '전쟁을 위한 기도'에서 읽었듯이 전 국민이 신의 힘을 빌려서 다른 나라를 폐허로 만들어 달라고 기도하는 것은, 그 나라를 모르기 때문에 가능한 것이다. 만일 적국에 내 가족, 내 친척이 살고 있다면 그런 기도를 할 수 있었을까? 다

군대가 없으면 나라가 망할까?

른 나라의 사람들이 나와 아무런 상관이 없다고 여기기 때문에 우리는 그 나라를 잔혹하게 파괴시키려 한다. 서로 자주 만나고 좋은 관계를 맺을수록 불필요한 오해와 분쟁은 자연스럽게 사라진다.

'잘' 사랑하기 위한 거리 두기

사랑을 표현하는 방식은 여러 가지이다. 사랑하는 대상의 의견을 무조건 따르고 잘한다며 칭찬하는 것이 사랑은 아니다. 사랑한다고 무조건 받아 주는 것도 올바른 방식이 아니다. 때로는 진정 상대방을 사랑하기 때문에 비판하고 잘못을 바로잡아야 할 때가 있다. 개인 간의 사랑에도 이렇게 비판적인 거리가 필요하니, 개인과 국가의 관계에는 당연히 더 엄격한 거리가 필요하다. 개인의 실수보다 국가의 실수에 훨씬 더 큰 영향력이 있고 그 잘못을 바로잡기가 어렵기 때문이다. 예를 들어, 맹목적인 애국심은 자국의 이익을 위해 다른 나라의 생명과 자원을 이용하고 파괴한다. 그런 파괴가 일어난 뒤에 실수를 바로잡으려 해도, 이미 죽어간 생명이 다시 살아날 수 없다. 따라서 국가와의 관계에서는 맹목적인 애국심보다 비판적인 거리가 반드시 필요하다.

러시아의 작가 톨스토이L. Tolstoi는 "감정으로서의 애국심은 바람직하지 못하며 유해하고, 원리로서의 애국심은 어리석다"라고 말했다. 무슨 얘기일까? 톨스토이의 글에서 그 답을 찾을 수 있다. "애국심은 자신의 국민만을 사랑하는 감정이며, 자신의 마음의 평정, 재산을 희생하고, 심지어 목숨까지 바치며 적들의 침략과 학살로부터 자신의 국민을 보호한다

양심이 인간을 구원할 것이라고 믿은 사람, 톨스토이

러시아의 대문호 톨스토이는 50세의 나이에 유명 소설가에서 비폭력 평화주의자가 되었다. 그는 인간이 도덕과 지성이라는 가치를 잃고 부와 권력을 좇다가 결국 공포와 증오가 지배하는 사회를 만들었다고 생각했다. 세계적으로 유명한 아나키스트 중의 한 사람이기도 한 톨스토이는 일체의 폭력을 거부해야 한다며 이런 말을 남겼다.

"사람을 노예화와 무지로부터 자유롭게 하는 일은 혁명과 신디케이트와 평화회의 같은 것들에 의하여 획득될 수 없으며, 단지 우리로 하여금 폭력에 가담하는 것을 금지하고 폭력에 가담하는 자신을 향하여 깜짝 놀라 네가 왜 그 같은 행동을 하느냐고 질문하는 우리 각 사람의 양심에 의해서 획득될 수 있다."

— 『사랑의 법칙과 폭력의 법칙』(톨스토이 지음, 오만규 옮김/아웃사이더) 중에서 인용

는 신조"이고 "모든 국가의 국민들이 자신들의 이익을 위해 다른 나라의 국민들을 침략하고 학살하는 것을 당연한 일로 생각"하기 때문이다. 이런 배타적인 애국심은 다른 나라나 민족을 탄압해서 탄압을 받은 민족이 우리 민족에게 적대감을 품게 하고, 이에 따라 그들은 자기 민족에게 우리 민족에 대한 적개심을 쉽게 주입할 수 있게 된다(톨스토이, 2008). 결국 감정으로서의 애국심은 나라와 민족을 서로 싸우게 해서 어느 쪽에도 바람직하지 못한 결과를 가져오고 해를 입힌다.

그렇다면 원리로서의 애국심은 왜 어리석을까? "권력을 쥐고 있는 정부는 쉽게 다른 민족의 분노를 돋우거나, 자국 국민의 애국심을 자극할 수 있"기 때문이다. 국가는 언제나 '국익國益'을 내세워 국민들의 애국심을 자극하고 다른 나라와 갈등을 일으킬 수 있다. 특히 국가는 자국 내의 다른 문제들을 감추기 위해 일부러 다른 나라와 외교적으로 충돌하거나 전쟁을 일으키기도 한다. 주로 가난한 사람들이 그런 전쟁에서 희생되지만, 국가는 다수의 가난한 사람들이 아니라 소수의 강한 사람들에게 승리의 영광을 건넨다. 남의 장단에 놀아나며 가진 것을 잃고 심지어 생명마저 바치니 이 얼마나 어리석은가.

그런데도 왜 사람들은 국가를 지지하고 전쟁을 찬양할까? 과거에 우리는 '국익'을 외치며 베트남과 이라크로 군대를 보냈다. 베트남전쟁이나 이라크전쟁에 파병했듯이, 국익을 위해서 다른 나라의 전쟁을 지원하는 게 올바른 일일까? 그 와중에 많은 사람들이 죽고 죽이며 목숨을 잃었다. 이처럼 나라가 잘못된 길을 가는데도 지도자를 믿어 보자며 무조건 지지하는 게 진정 나라를 위하는 길일까? 어쩌면 전쟁을 반대하거나 총을 내리자고 주장하는 사람들을 애국심의 이름으로 공격하는 행위야말로 이 나라를 참혹한 상황으로 몰아넣는 것이고, 나라를 망치는 길이자 나라를 사랑하지 않는 길이다. 자신의 감정을 일방적으로 강요하는 사랑이 관계를 갈등과 폭력으로 몰고 가듯이, 분별력 없는 애국심이야말로 나라를 위기로 몰아넣는 기폭제이다.

제2차 세계대전 때 오스트레일리아의 아나키스트 플레밍J. W. Fleming은 전쟁과 징병제도를 반대하는 연설을 하며 사람들에게 "지금 참고 견디고 있는 건달들이 아니라 독일이 권력을 잡는다고 해서 당신의 살림살이가 더 나빠질까요?"라고 물었다. 날마다 반전과 관련된 연설을 했던 플레밍은 애국시민들에 의해 많은 고통을 받았고, 심지어 군국주의자들이 그를 강물에 내던지기도 했다. 그러나 이런 위협이 플레밍의 신념을 꺾지는 못했다.

어쩌면 플레밍이야말로 자신의 나라를 진정으로 사랑했던 사람일지 모른다. 그는 소수의 권력층을 위해 대다수 사람들이 희생되는 것을 막고 전쟁에서 나라를 구하려 했기 때문이다.

내가 사랑하는 사람이 잘못된 길을 걸으려 하면 우리는 어떻게 해야 할까? 아마도 그 사람의 옆에서 충고를 하고 상의할 것이다. 정말 내가 나라를 사랑한다면 무엇을 해야 할까? 마찬가지이다. 내 나라가 잘못된 길을 가려 하면, 우리는 그렇게 되지 않도록 막아야 한다. 그것이 진정 나라를 사랑하는 길이다. 정부가 내린 결정이니 무조건 따르는 것이 나라를 위한 길이라며 전쟁에 참여하는 행위야말로 바람직하지 못하고 어리석은 결과를 가져올 수 있다.

그런데도 애국심을 부르짖는 목소리는 아직도 잦아들지 않고 있다. 왜 그럴까? 애국심과 국익이라는 이데올로기가 아직도 사람들에게 호소력을 가지는 것은 사람들의 삶이 안전하거나 행복하지 않기 때문이다. 과거 마을 단위의 공동체는 가난한 사람들이 최소한 굶어 죽지 않게끔 도와줬는데, 현대에는 그런 공동체가 존재하지 않는다. 그래서 사람들은 국가의 도움을 받게 되었고, 그렇게 도움을 받으면 무조건 국가를 지지하려 한다. 혼자서 자신과 가족의 삶을 유지할 수 있다고 자신하지 못하기 때문에 사람들은 외부의 도움을 필요로 하고 강력한 국가에 의지하려 한다. 하지만 국가는 이런 절실함을 이용해서 애국심을 자극하고 가난한 사람들을 전쟁에 동원한다.

전쟁하는 대신 환대하기

프랑스의 사상가 프루동P. J. Proudhon은 전쟁이 빈곤 때문에 생긴다고 주장했다. 그러나 단지 가난 때문에 전쟁이 벌어지는 건 아니다. 국가는 부자들의 권리를 보장하면서 생기는 가난한 이들의 불만이 사회를 무너뜨리지 못하도록 전쟁을 선택한다. 가난한 사람들을 계속 가난하게 만들고 불만을 억누르기 위해 전쟁을 일으킨다. 그래서 프루동은 자본주의 체제에서는 전쟁을 피할 수 없다고 주장했고, 전쟁을 반대한다고 공허하게 외치는 대신 사회를 실질적으로 변화시켜야만 전쟁을 막을 수 있다고 주장했다. 프루동은 전쟁을 수동적으로 반대하는 정통적인 평화주의 입장이 현실에 영향력을 행사할 수 없다고 믿었다.

따라서 폭력과 전쟁, 애국심을 반대하는 것에 그치지 말고 대안적인 삶을 구성해야 한다. 단순히 무엇을 부정하는 것만으로는 사람들의 불안감을 없앨 수 없다. 앞서 말했듯이 다른 사람들의 삶에 관심을 가지고 그 삶을 있는 그대로 받아들이려는 노력이 필요하다. 그런 노력에서 중요한 가치가 바로 '환대hospitality'이다. 환대는 내가 좋아하지 않는 사람, 내가 받아들일 수 없는 사상이나 삶마저 그대로 받아들이라는 가르침이다. 내가 가진 작은 것을 쪼개어 다른 이와 나누라는 가르침이다. 만일 나와 다른 이질적인 것을 기꺼이 받아들이려는 마음이 있다면 갈등과 전쟁이 일어날 이유는 없을 것이다.

미국에서 '환대의 집'을 세웠던 피터 모린Peter Maurin은 모든 가정에 환대의 방을 마련해야 한다고 말했다. 길 가는 나그네는 하느님의 사자들이니 그들을 위한 방을 마련해야 하고, 아무런 조건 없이 그들에게 먹을 것을 줘야 한다고 말했다. 그리고 모린과 도로시 데이가 이끌었던 〈가톨릭노동자운동〉은 미국 곳곳에 환대의 집을 마련하고 가난하고 고통받는 사람들이 쉬어갈 수 있는 보금자리를 만들었다. 또한 가난한 사람들이 농사를 지으며 생계를 이어갈 수 있는 대안 공동체를 세웠다. 그 무엇도 요구하지 않고 베풀었던 이들의 노력은 많은 사람들이 분노와 갈등을 스스로 조절하고 새로운 삶의 가능성을 찾도록 도움을 줬다. 이런 환대의 삶은 전쟁을 막는 것과 큰 상관이 없어 보이지만 폭력적인 충돌의 가능성 자체를 없애고 평화를 앞당기는 큰 힘이다. 갈등이 일어나지 않거나 혹은 일어나더라도 평화롭게 해결될 수 있다면, 무력을 쓰거나 전쟁을 일으킬 필요도 없어질 것이기 때문이다.

이런 환대의 삶은 미국만이 아니라 우리의 전통에서도 찾아볼 수 있다.

"가족 중에 누군가 먼 길을 떠나면 그날부터 끼니마다 밥을 한 그릇씩 떠놓"고 "우연히 집에 찾아오는 나그네가 있으면 기꺼이 대접"하는 마음, "좀 여유가 있는 집에서는 아예 사랑채를 비워 놓고 나그네를 받아들"이고 "들판에서 점심을 먹다가도 지나가는 나그네가 있으면 큰 소리로 불러 함께 점심을 먹는" 마음은 우리 식으로 표현된 환대의 삶이었다. 심지어 이런 마음으로 자연의 생명체와도 우정과 사랑을 나누었다. "산에 사는 노루나 토끼가 마을에 내려오면 절대 잡지 않는다. 그들이 마을에 내려온 이상, 우리 마을의 일원이기 때문이다. 집 안에 살고 있는 능구렁이도 우리 집을 지켜 주는 집지키미가 된다"(권정생, 1997). 이런 마음은 우리 사회에 깊이 뿌리내린 환대의 전통을 설명해 주고 있다.

환대의 삶은 맹목적인 애국심에서 벗어나 다른 삶의 가치에 눈뜨게 한다. 환대는 새로운 가치가 아니라 이미 우리의 삶 속에, 전세계 많은 사람들의 삶 속에 녹아들어 있는 가치이다. 한국의 사상가 김종철은 "풀뿌리 공동체들이 오랜 세월에 걸쳐 궁핍한 물질적 조건에도 불구하고, 근본적으로 흔들림 없는 삶을 영위할 수 있었던 것은 바로 이러한 '환대'의 관습 때문이었다"(김종철, 2008)라고 주장한다.

환대는 함께 누리고 함께 즐기는 삶의 기쁨을 깨닫게 해준다. 그리고 그런 깨달음은 내 것을 무한히 확대하기 위해 다른 사람이나 생명의 것을 짓밟고 빼앗아도 좋다는, 길들여진 가르침에서도 벗어나도록 돕는다. 국가는 '국가 경쟁력'과 '국익'을 따르라고 가르치지만, 환대는 스스로 충족하고自給 서로 보살피는相互扶助 삶의 중요성을 가르친다.

아마 세상에 굶주림이 사라지고 모든 사람들이 자신의 힘으로 생활할 수 있다면 전쟁은 사라질 것이다. 전세계 사람들의 굶주림과 병을 치료하려면 1년에 15조 원이라는 엄청난 액수가 필요하다고 한다. 그 엄청난 돈을 어디서 마련할 것인가? 그래서 사람들은 그런 평화가 공상이라 얘기한다.

하지만 우리는 1년에 약 1,100조 원을 무기를 개발하고 사용하는 데 쏟아 붓고 있다. 세상을 구원하는 데 드는 비용의 수십 배를 세상을 파괴하는 데 쓰고 있다. 무기를 살 돈이면 아이들의 도서관을 짓고 가난하고 아픈 사람들을 돌볼 수 있지만, 권력과 돈을 가진 사람들이 쉽게 그러도록 놔두지는 않을 것 같다.

많은 사람들이 전쟁을 풍자하고 비판하지만 아직 전쟁의 불씨는 꺼지지 않고 있다. 전쟁을 반대하는 사람들의 수가 적어서가 아니라 그들의 목소리가 은폐되고 조작되기 때문이다. 평화를 외치는 목소리가 힘을 얻을 방법은 없을까?

군대가 없으면 나라가 망할까?

평화의 길은 외롭지 않다

전쟁으로부터 우리를 구하기

뜻이 있는 곳에 길이 있다고 했다. 우리 모두가 평화를 실현하겠다는 강한 뜻을 품으면 전쟁 없는 세상은 그리 먼 곳에 있지 않다. 물론 뜻만으로 현실을 변화시킬 수는 없다. 그 뜻을 실현하기 위한 실천도 반드시 필요하다.

양심에 따른 병역거부는 그런 실천의 첫걸음이다. 그것은 잘못된 길을 강요하는 국가에 맞서 어떠한 불이익을 당하더라도 자신이 옳다고 믿는 길을 걷겠다는 의지이다. 평화를 위한 실천은 국경선을 가르고 사람들이 자유로이 넘나드는 것을 방해하는 국가와 충돌할 수밖에 없다.

톨스토이는 "군대는 주로 국내에서 억압적 통치를 하기 위해 필요하고, 군대에 들어간 모든 사람은 국민에 대한 정부의 폭력에 동참하는 자가 된다"라고 주장했다. 톨스토이는 "모든 정부와 통치 계급은 기존의 제도를 유지하기 위해 군대를 필요로 한다"라며 군대가 외부의 침략을 막기 위한 조직이라는 주장을 반박했다(톨스토이, 2008). 군대에 입대하는 것 자체가 부당한 폭력에 동참하는 것이기 때문에 군입대를 거부해야 한다고 톨스토이는 믿었다.

대체복무제도가 총을 내리고 평화를 실현하는 좋은 방법인 듯 보이지만 능동적인 의미를 가지지 못하는 것도 이 때문이다. 어떤 이유로든 군대에 입대하는 순간 '나'는 나라 안팎의 사람들을 억압하는 기구를 돕는 셈이다. 그 안에 있다 보면 전쟁을 반대하는 사람들을 거북하게 여기게 된다. 따라서 적극적으로 국가를 비판하고 평화를 실현하기 어렵다. 톨스토이는 "정부도 그들의 권력이 군대에 의존하고 있다는 것을 아는 이상 군대의 명령 체계와 규율을 강화하기 때문에 선전 선동으로 군대를 정부의 수중에서 빼앗아 올 수는 없다"라며 적극적인 전략이 필요하다고 주장했다.

올리버 스톤 감독의 영화 〈7월 4일생 Born on the Fourth of July, 1989〉은 베트남 전쟁에 참여했던 돈 코빅(톰 크루즈 役)에 대한 이야기이다. 공산주의가 전세계로 퍼지는 것을 막기 위해 해병대에 자원 입대한 코빅이 정작 베트남에서 본 것은 민간인을 학살하고 동료끼리 서로 총질하게 '만드는' 전쟁이라는 비참한 현실이었다. 결국 그는 전투에서 다리를 잃고 고향으로 돌아온다. 베트남전 반대 시위가 한창이던 미국으로 돌아온 코빅은 처음에는 시위를 비판하지만 차츰 전쟁의 본질을 깨닫게 된다.

1972년 코빅은 공화당 전당대회장을 습격해서 이렇게 얘기한다. "이 전쟁은 죄악이오. 내 상처 때문에 비통한 게 아니오. 이 사회가 나와 전우들을 속였소. 이 나라의 국민들도 속였소. 그들을 꼬셔서 2만 킬로미터나 떨어진 곳의 독립을 위해 천년을 싸워 온 자랑스러운 투쟁의 역사를 가진 가난한 베트남 평민들과 싸우라고 보냈소. 이 정부 지도자들이 얼마나 역겨운지 이루 표현할 수 없소. 그자들은 말하오. 미국을 사랑하지 않으면 꺼지라고. 전 사랑합니다. 우린 미국인을 사랑하지만 정부는 사랑하지 않습니다. 정부는 모리배요, 폭력배이며 강도입니다. 우린 더 이상 당할 수 없다는 겁니다. 진실을 말하러 왔소. 형제들을 죽이고 있소. 진실을 듣기를 바라오." 전당대회장의 사람들은 코빅을 배반자, 공산당, 빨갱이라며 욕하지만 코빅은 굴하지 않는다. "우린 결코 이 전쟁을 잊지 못하도록 할 겁니다. 우리의 휠체어는 여러분의 현충일이자 미국 정신인 거요. 우리가 미국 정신이오."

총구에 꽃을 꽂는 것이 혁명이다

톨스토이뿐 아니라 그와 비슷한 생각을 가졌던 여러 아나키스트들도 국가와 전쟁의 연관성을 지적하며 국가에 맞섰다. 러시아의 사상가 바쿠닌 M. Bakunin은 '전쟁 국가'라는 개념으로 국가와 전쟁이 떨어질 수 없는 관계라는 점을 지적했고, 독일의 사상가 란다우어G. Landauer 역시 "전쟁은 국가의 가장 분명하고 투명한 표현이다"라고 주장했다. 그래서 아나키스트들은 전쟁은 물론이고 그 전쟁을 치르기 위한 징병에 반대했다.

아나키스트들은 늘 경찰과 군대 같은 억압 기구와 징병제도의 폐지를 주장해 왔다. 러시아 출신의 미국 아나키스트 버크만A. Berkman은 1917년 미국이 제1차 세계대전에 참전하자 징병거부를 선동했고, 곧장 체포되어 2년형을 선고받았다. 그리고 미국의 아나키스트 골드만E. Goldman도 징병법을 비난하다 옥살이를 해야만 했다.

이들이 단지 군대에 가지 말자고 주장한 것만은 아니다. 톨스토이는 한 걸음 더 나아가 정부가 군대를 유지하도록 돕는 세금을 내지 말자고 주

장했다. 톨스토이는 "세금을 성공적으로 거두어 들이기 위해 정부는 상
비군을 유지한다"라며 국가가 국민을 착취하기 위해 군대를 유지한다고
주장했다. 그래서 톨스토이는 국가에 협력하지도, 국가 권력에 참여하지
도 말자고 주장한다. "정부 폭력을 없애 버리는 길은 단 한가지다. 사람
들이 거기에 참여하지 않는 것이다."(톨스토이, 2008)

톨스토이는 일단 국가가 국민들을 억압하기 위해 동원하는 경찰이나 군
대 같은 기구에 들어가지 말고, 폭력 기구를 유지하도록 돕는 세금을 내
지 말아야 한다고 주장했다. 한 걸음 더 나아가 공무원과 같은 관료제도
에도 참여하지 말아야 한다고 주장했다. 어느 누구도 국가 기구에 참여
하지 않고 국가에 협력하지 않는다면, 국가의 힘은 약화될 수밖에 없다.
그렇다면 국가를 없애고 모두가 각자 자기 살고 싶은 대로 사는 게 대안
일까? 그러면 당장 누군가가 이렇게 물을 것이다. 국가가 없다면 누가 질
서를 유지하고 안전을 보장할 것인가? 이 물음에 톨스토이는 국가를 '왕
따'시키고 자율적으로 공동체를 구성하자고 주장했다. 농민은 자신의 땅
을 일구어 먹을거리를 마련하고 노동자는 사람들이 필요로 하는 물건을
생산하며 대안 사회를 구성할 수 있다.

실제로 베트남전쟁 때 적극적으로 반전운동을 벌였던 미국의 많은 젊은
이들이 취업을 하지 못하자 '워커스 컬렉티브workers collective'라는 새로운
형태의 협동조합을 만들기도 했다. 이런 조합을 만들고 대안 공동체를
만드는 것이 현실적으로 매우 어려운 일이지만, 이를 실현한다면 내가
원하지 않는 일을 하는 국가에 협력하지 않고 자율적인 삶을 살 수 있다.

칼과 총을 녹여 쟁기를 만든다는 생각이야말로 혁명의 시작이다. "내가

공동체의 미덕 회복하기, 워커스 컬렉티브

워커스 컬렉티브는 살기 좋은 마을을 만들기 위해 주민들이 자발적으로 만든 일종의 협동조합이다. '워커스 컬렉티브'에는 3가지 원칙이 있다. 출자, 운영, 이용이 그것이다. 누가 누구를 고용하고 임금을 지불하는 것이 아니라, 모두가 함께 출자하고 운영하며 결과물을 나누는 방식이다. 워커스 컬렉티브는 공동체가 본래 가지고 있는 미덕들, 즉 서로 돕는 관계를 회복하기 위한 일종의 대안 운동이다. 일본에는 워커스 컬렉티브의 방식으로 독거노인을 대상으로 하는 식당, 공동 보육사업, 장애우와 함께 일하는 찻집 등이 운영되고 있다고 한다.

전쟁 경제에 보다 깊이 연루되어 있을수록 나는 그만큼 더 깊이 전쟁에도 연루되어 있는 것"(호이나키, 2007)이기 때문에 전쟁을 막는 강력한 방법은 그런 경제에서 벗어나는 것이다. '칼을 녹여 보습(쟁기 끝의 쇠붙이)을 만들라'라는 예수님의 성경 말씀처럼, 내가 전쟁을 위한 생산을 중단할 때 평화의 시대는 열릴 것이다.

이런 구호를 내세운 것이 독일녹색당이었고, 그래서 녹색당은 "민중 스스로 어떤 물건이 어디에서 어떻게 생산되어야 할지 결정"해야 한다는 점을 경제정책의 틀로 강조했다. 그리고 미국의 히피들은 자신들의 축제를 '사랑의 축제'라 부르고 평화를 사랑하는 의미로 머리에 꽃을 꽂으라고 했다. 베트남전쟁을 반대하던 사람들도 자신들을 진압하려는 군인들에 맞서 총구에 꽃을 꽂았다. 자신을 억압하고 맞서려는 사람에게 총구를 들이대는 대신 꽃을 권하는 마음, 어쩌면 그 마음에 전쟁을 막을 수 있는 강력한 힘이 숨어 있을 것이다.

군대가 없는 세상, 전쟁이 없는 세상, 그것은 결코 불가능한 이상이 아니다. 미국이 한창 테러와의 전쟁을 벌이던 2001년 9월, A.N.S.W.E.R[Act]

Now to Stop War and Racism은 '전쟁반대 국제행동의 날' 집회를 열었고, 2004년 4월에는 10만 명의 시위대가 워싱턴에서 부시에 반대하는 행진을 벌였다. 2001년 10월 이탈리아 페루지아에서 열린 제4차 민중의 유엔대회 the 4th Assembly of United Nations of Peoples에 참석한 1,500명의 사람들은 평화, 정의로운 경제개발, 국제적 민주주의와 인권의 문화 건설을 요구했다. 2003년 2월 15일 반전공동운동에는 전세계에서 3,000만 명이 시위에 동참했다(참여연대 국제연대위원회, 2004).

전쟁으로 상처받고 고통받는 이들과 함께할 수 있는 사람들은 권력과 돈을 쥐고 있는 자들이 아니다. 그들은 당신의 상처를 보거나 만지려 하지 않고 그 아픔을 함께하지도 않는다. 오직 그들과 맞서 싸우는, 잘못된 현실을 바로잡으려는 사람들만이 당신과 함께 할 수 있다. 잘못은 우리 개개인이 아니라 바로 이 현실에, 현실을 이렇게 왜곡시킨, 힘을 가진 자들에게 있으니까. 따라서 잘못된 현실을 바꾸려는 실천보다 더 아름다운 몸짓은 있을 수 없다.

병역거부를 선택한 사람들의 삶은 그런 신념이 얼마나 아름다운지를 증명하고 있다. 꼭 특별한 사람들만 평화의 길을 택하는 건 아니다. 누구나 그 길을 택할 수 있다. 그리고 많은 사람들이 그 길을 갈수록, 그것은 특별한 선택이 아니라 누구나 갈 수 있는 평화의 길이 될 것이다.

"살아 있다는 것은 거부한다는 뜻이다.
무엇이든 다 받아들이는 사람은
세면대에 난 구멍만큼밖에 생명력이 없다."

아멜리 노통브의 소설 『이토록 아름다운 세 살』(문학세계사, 2002) 중에서 인용

유연한 시선으로 세상 읽기

우리는 왜 약자에게 분노할까?

세상을 직선으로만 바라보면 시선에 잡히지 않는 다른 부분들을 보지 못한다. 지구도 둥글고 세상도 둥글고 사람의 삶도 둥글어서 우리는 유연한 곡선의 시선을 가져야 사물을 올바로 인식할 수 있다.

군대의 사안도 마찬가지이다. '모두가 군대를 가야 한다'라는 직선의 시선으로 접근하면, 사안을 올바로 인식하지 못한다. 왜냐하면 '모두'가 군대에 가는 건 아니기 때문이다. 여성들은 군대에 가지 않고, 남성들 중에서도 신체적인 조건이나 상황에 따라 군대에 가지 않는 사람들이 있다. 그리고 군대에 가는 입영대상자라 하더라도 공익근무요원이나 산업기능요원 등 여러 형태로 군대를 대신하는 사람들이 있다. 따라서 직선적인 상식만을 가지고 어떤 사안에 접근하면 서로 사안을 바라보는 전제조건이 다르기 때문에 얘기조차 꺼내기가 어렵다.

"군대에 가기 싫다"라는 말도 마찬가지이다. 군대에 가고 싶지 않다는 요구는 동일하지만 그런 요구를 하게 된 원인이나 그 요구를 실현하는 방식도 다르다. 종교적 양심이나 평화를 실현하겠다는 신념을 가진 사람이 원하는 것은 단순히 군대를 회피하는 것이 아니다. 이들은 그 어떤 위협 앞에서도 내 뜻을 지키겠다는, 인간으로서의 자존심과 능동성을 표현한다. 따라서 그 요구를 실현하는 방법도 도피나 비리가 아니라 자신의 생각을 당당히 밝히고 그것에 대한 책임을 지는 식이다. 반면에 군대에 가기 싫어하고 자식을 군대에 보내지 않을 수 있는 힘을 가진 사람들은, 개인적인 안락 추구 외에 병역기피에 특별한 이유가 없기 때문에 암암리에 불법적인 방법으로 군대를 면제받으려 한다.

따라서 "싫다"라는 말 속에 담겨 있는 다양한 결을 파악해야 하고, 후자에 대한 분노를 전자에게 똑같이 표현하는 건 잘못이다.

결론이니 앞서 물었던 질문에 먼저 답을 해야겠다. 아무도 군대에 가지 않는다면 결코 전쟁은 일어날 수 없다. 그 누구도 총을 들라는 명령에 따르지 않는다면 전쟁은 일어나지 않는다. 그런데도 '내가 총을 놓았는데 상대방이 총을 놓지 않으면 어떻게 하는가?', '우리 군대를 해산해도 다른 나라의 군대가 해산되지 않는다면 어떻게 하는가'라는 물음은 끊임없이 우리를 괴롭힌다. 사실 군대와 전쟁이 필요한 것은 내가 다른 사람들의 마음을 믿을 수 없기 때문이다. 혹시 나를 공격할지 모른다는 두려움은 언제나 바른 길을 택하지 못하게 한다.

그런 두려움을 극복하고 자신의 마음을 드러내는 사람들이 바로 양심에 따른 병역거부자들이다. 내 권리를 포기하고 나를 드러내는 순간 다른 사람들이 나를 공격하리라는 점은 충분히 알지만 더 이상 자신을 속일 수 없는 사람들이다. 내가 군대에 가지 않는다고 해서 군대가 당장 해체

되고 전쟁이 사라지리라 믿는 것은 아니다. 하지만 내 양심과 신념이 내 삶으로 증명되지 않는다면 공허한 말들에 지나지 않음을 알기에, 내 자신에게 떳떳해지는 길이 세상을 정의롭게 만드는 길과 무관하지 않음을 알기에, 당당히 자신 앞에, 사회 앞에 서는 사람들이다. 누가 이 사람들에게 비겁하다 돌을 던질 수 있는가?

그런 점에서 병역을 거부하는 움직임은 앞서 소로를 소개하며 얘기했던 시민불복종과 비슷하다. 시민불복종은 내 양심과 신념을 거스르는 법을 '의도적으로' 위반한다. 그리고 그런 위반이 사람들의 공감을 얻게 되어 악법을 없애게 되기를 희망한다. 병역거부도 자신의 양심과 신념을 거스르는 억압적인 법률을 거부하면서, 그 거부에 대한 책임을 지고 감옥으로 향한다. 자신의 양심이나 신념을 감추지 않고 오히려 당당히 선언하면서 법률의 문제점이 무엇인지를 밝힌다. 이런 용기 있는 선언은 사회를 조금씩 발전시키는 동력이 된다.

이런 용기는 극단적인 상황에서 더 빛을 발한다. 병역을 거부하는 사람들은 평화로울 때만이 아니라 전쟁이 벌어진 상황에서도 자신의 양심과 신념을 지킨다. 모두가 애국의 열정에 휩싸여 자신의 양심과 신념을 망각했을 때, 병역을 거부하는 사람들은 공동체가 지켜야 할 윤리와 원칙을 제시한다. 그리고 그런 행위에 대한 책임을 기꺼이 받아들였고 때로는 그 때문에 목숨을 잃기도 했다. 그런 행위를 단지 '개인적인 이익'을 위한 것이라 부를 수 있을까?

개인적인 결단은 높이 사지만 인간의 본성이 그런 결단을 악용하기 때문에 사회가 변하지 않는다고 보는 사람들도 있다. 그들은 인간의 서로 경쟁하는 마음 때문에 갈등과 전쟁이 사라질 수 없으므로 거기에 대비해야한다고 주장한다. 그래서 대체복무제도와 같은 예외는 인정할 수 있지만 군대를 없앨 수 없다고 주장한다.

하지만 그런 갈등과 전쟁을 낳는 경쟁심이 인간의 절대적인 본능일까? 러시아의 사상가 크로포트킨P. Kropotkin은 경쟁만이 아니라 서로 돕고 보살피려는 마음도 생명체의 본능이라고 주장한다. 크로포트킨은 메뚜기, 나비, 매미, 개미, 꿀벌 등 수많은 곤충과 동물들의 무리, 그리고 고대부터 현대까지의 인류 사회를 관찰해 보니, 경쟁하는 경우보다 서로 돕는 경우가 훨씬 더 많았다고 분석했다.

특히 크로포트킨은 서로 돕고 보살피는 본능이 최소한의 에너지를 사용하면서도 가장 행복하고 즐겁게 살 수 있게 할 뿐 아니라, 서로의 발전을 자극한다는 점에서 경쟁보다 더 중요하다고 봤다. 따라서 일방적으로 경쟁심만을 강조하는 것은 인간의 본성 중 한 측면만을 부각시켜서 전쟁을 정당화하려는 것일 수 있다. 그리고 크로포트킨은 서로 보살피는 본능이 사라지지 않고 더욱더 발전되도록 하는 교육의 역할이 중요하다고 강조했다(하승우, 2006).

사실 이런 논리는 우리에게 낯설지 않다. 맹자는 인간의 본성이 선하다는 관점性善說을 주장했다. 어린아이가 우물에 빠지려는 것을 보면 누구나 측은해하며 달려가 아이를 구한다는 측은지심惻隱之心은 인간이 서로 도우며 사는 마음의 근본이다. 인간은 이미 이런 마음을 자기 안에 가지고 있으므로 이를 잘 발현시켜야 하고, 그렇게 되면 세상에 의로움仁이 넘쳐흐를 것이다. 하지만 반대로 자기의 이익만을 좇는 소인小人이 늘어나면 세상은 혼란에 빠질 것이다. 따라서 끊임없이 자신을 수양하고 반성하려는 노력이 있다면 평화는 불가능하지 않다.

욕망을 줄여서 평화를 키운다

전쟁과 평화, 이는 인간 세상의 두 측면이다. 아무런 충돌도 벌어지지 않는 절대 평화의 상태는 결코 이룰 수 없는 이상일지 모른다. 다양한 사람들이 모여 사는 사회에서 충돌이 없을 수는 없다. 하지만 다양한 면을 보지 못하는 직선적인 시선은 어느 한쪽 면만을 강조하면서 다른 가능성을 배제한다. 전쟁만을 강조하는 시선은 평화의 가능성을 보지 못하고, 무조건적인 평화만을 강조하다 보면 전쟁을 낳는 원인을 미리 제거하지 못하게 된다. 그런 의미에서 전쟁의 반대말은 평화가 아니다. 평화로운 사회 속에서 치열한 싸움이 벌어지는 경우도 있고, 전쟁 속에서도 아름다운 평화가 꽃필 수 있다. 가진 사람들이 가지지 못한 사람들을 힘으로 억눌러서 만든 평화는 격렬한 전쟁을 예고하고, 패잔병들을 돌보고 그들이 무사히 돌아갈 수 있도록 돕는 사람들의 마음은 아름다운 평화를 예고한다. 서로가 서로의 가능성을 품고 있는 셈이고, 그렇기 때문에 우리는 전쟁의 가능성보다 평화의 가능성을 키우고 실현하는 일에 더 많은 힘을 쏟아야 한다.

그리고 한 걸음 더 나아가 필요와 욕망을 줄이는 삶을 살아야 한다. 뭔가를 더 가지려는 욕망이 강해질수록 세계는 더 많은 분쟁과 전쟁에 휩싸일 수밖에 없다. 우리는 항상 대안을 크게 생각하고 먼 곳에서 찾기 때문에 그것이 불가능하다고 여긴다. 하지만 어려운 걸음이 아니더라도, 일상에서 하나씩 욕망을 줄이고 생명을 보살필 때 변화는 시작된다. 내 삶의 필요와 욕망을 바꾸지 않고는 세상을 바꿀 수 없다. 세상을 바꾸는 첫걸음은 나로부터 시작되어야 한다.

한국의 사상가 함석헌은 "평화는 칼이 아니고도 사회의 질서가 유지되리만큼 사람들의 혼이 해방이 돼서만 될 수 있는 일"이라고 말했다. 즉 "군대를 없앤다고 평화의 시대가 오지는 않는다. 혼의 실력 없이 군대부터 폐지하는 것은 잘못이다. 물론 희생적인 사랑에 비할 수는 없지만 대적이 쳐들어올 때 목숨을 아껴 도망하거나 항복하는 것은 비겁이다. 그보다는 차라리 대항하다 죽는 것이 훨씬 더 도덕적이다. 그러므로 네 혼에 원수를 사랑할 만한 실력이 없거든 차라리 나라를 위해 용감히 싸우라. …평화주의는 총을 내버려서 되는 것 아니다. 혼이 해방이 되는 날 총은 저절로 떨어진다. 물질적인 얽매임에서 해방이 된 혼은 누구를 죽이지도 않고 누구에게 죽지도 않기 때문이다. 다른 사람은 무엇으로 38선을 뚫고 무엇으로 공산주의를 정복하려는지 몰라도 나는 이 혼의 힘을 길러 그것으로 하자는 사람이다. 그것을 믿는다. 아무도 그밖에는 길이 없을 것이라고 주장한다."(함석헌, 1999) 함석헌은 물질에 얽매인 혼이 해방되고 원수라도 능히 사랑하려는 실력을 쌓으면, 자연스레 총을 내리고 꽃을 들 날이 오리라 믿었다.

이런 얘기가 비현실적이라고 생각하는 사람이 분명 있을 터이다. 요즘처럼 현실주의, 실용주의를 강조하는 시대에, 평화의 길을 택한다는 게 어리석게 보일 수도 있다. 하지만 우리가 현실을 위해서만, 현실에 의지해서만 살아야 한다면 학교에서 도덕이나 윤리, 이상을 배울 필요는 없다.

우리가 그런 도덕과 윤리, 이상을 배우는 이유는 현실을 넘어서기 위해서이다.

그러니 내가 살고 싶은 이상의 세계에 살기 위해서는 현실에 개입하고 그 현실을 바꾸기 위해 노력해야 한다. 그냥 꿈만 꾸는 것은 현실을 조금도 바꾸지 못한다. 그 꿈을 실현하기 위해 노력하고, 나와 비슷한 꿈을 꾸는 사람들과 함께 손을 잡고 한 걸음씩 걸어갈 때 세상은 변한다.

세상의 어두움을 두려워하지 않고 한 걸음씩 내딛는 걸음, 그 걸음이 바로 세상을 밝히는 빛이다. 빛을 찾지 말고 내가 빛이 되자. 내 빛을 나눠서 사람들과 함께하자. 그 순간 이미 세계는 변하고 있다.

참고문헌

권정생 『우리들의 하느님』(녹색평론사, 1997)

권인숙 『대한민국은 군대다』(청년사, 2005)

김재명 『나는 평화를 기원하지 않는다』(지형, 2005)

당대비평 편집부 '미국역사 속의 양심적 병역거부' ≪당대비평≫ 제25호

더글러스 러미스 지음, 김종철·이반 옮김 『경제성장이 안 되면 우리는 풍요롭지 못할 것인 가』(녹색평론사, 2002)

데이비드 헬드·앤터니 맥그루·데이비드 골드블라트·조너선 페라턴 지음, 조효제 옮김 『전지구적 변환』(창작과비평사, 2002)

리 호이나키 지음, 김종철 옮김 『정의의 길로 비틀거리며 가다』(녹색평론사, 2007)

박경태 『인권과 소수자 이야기: 우리가 되지 못하는 사람들』(책세상. 2007)

박노자 『나를 배반한 역사』(인물과사상사, 2003)

사토 다다오 지음, 설배환 옮김 『소년병, 평화의 길을 열다』(검둥소. 2007)

서울대 BK21 법학연구단 공익인권법센터 기획. 안경환 장복희 편 『양심적 병역거부』(사람생 각, 2002)

아룬다티 로이 지음, 박혜영 옮김 『9월이여, 오라』(녹색평론사, 2004)

이남석 『양심에 따른 병역거부와 시민불복종』(그린비, 2004)

찰머스 존슨 지음, 안병진 옮김 『제국의 슬픔』(삼우반, 2004)

참여연대 국제연대위원회 엮음 『세계분쟁과 평화운동』(아르케, 2004)

하승우 『세계를 뒤흔든 상호부조론』(그린비, 2006)

하워드 진 지음, 유강은 옮김 『전쟁에 반대한다』(이후, 2003)

하워드 진 지음, 유강은 옮김 『미국민중사』(이후, 2006)

한상봉 '도로시 데이의 영성과 가톨릭일꾼운동의 한국적 적용'(우리신학연구소 월례발표회 발표문, 2006)